Gott kommt nie zu spät ...
... zu früh aber auch nie!

White Bull / Ian Graham

Gott kommt nie zu spät ...
... zu früh aber auch nie!

ch. falk-verlag

Aus dem Englischen
von Sabine Degener

© by Ch. Falk-Verlag, Seeon 2000
Umschlaggestaltung: David Luczyn, Frankfurt/M.
Satz und Druck: F. Steinmeier, Nördlingen
ISBN 3-89568-069-9
Printed in Germany

Danksagung

Dieses Buch hat durch Gnade und Magie das Licht der Welt erblickt. Wie White Bull sagen würde, ist es, übersät mit Gottes Fingerabdrücken'.

Ich hatte schon eine Zeitlang gewußt, daß es eines Tages ein Buch mit White Bulls Lehren geben würde, aber als der Moment kam, in dem mir klar wurde, daß ich nun damit anfangen sollte, konnte ich nur meine Augen zum Himmel erheben und White Bull daran erinnern, daß ich nichts hatte, um es aufzuschreiben! Binnen einer Woche tauchte meine Freundin Anna de Schutter auf und gab mir – einfach so, aus heiterem Himmel – ein Laptop!

Aber das war nur der Anfang. Wann immer ich einen Beweis brauchte, daß dieses Buch geschrieben werden sollte, erhielt ich ihn zum richtigen Zeitpunkt mit jeweils der Energie – in jeglicher Form –, die es brauchte, um den nächsten Schritt zu ermöglichen, so daß ihr es jetzt in euren Händen haltet. Das bestätigt auch die Wahrheit, die sich in seinem Titel ausdrückt.

Mein liebevollster Dank wendet sich an all jene, die Teil dieser Gnade und Magie waren und die es durch ihre großzügige Gabe an Liebe, Energie und Zeit ermöglicht haben, daß dieses Buch zustandekam. Ganz besonders möchte ich danken Anna de Schutter, Peter Heraty, Irene van Lippe-Biesterfeld, Willem und Melanie Renes, Kern Consult bv, Joop und Jeanette Noorlander, André Passé und Eric van der Geest.

Ich möchte auch meine Dankbarkeit all jenen gegenüber zum Ausdruck bringen, die meine Arbeit mit White Bull in den vergangenen 16 Jahren ermöglichten, indem sie ihr Herz und ihr Heim für mich und alle, die White Bull kennenlernen wollten, öffneten. Es sind Virginia Arnold, Susan Dunkley, Thierry und Bernadette de Ridder, Peter und Neeltje Bollen, Mia Goethals, Holly Hilton, Eugene Heraty, Joop und Reini Bels und Willem und Melanie Renes.

Für ihre nie versiegende Ermutigung und moralische Unterstützung in Momenten des Zweifels, während ich an dem Buch schrieb, geht mein liebender Dank an meine Seelenschwestern Deborah Sabine und Fiona Macniven.

Und für seinen Beitrag zu meinem Leben beim Schreiben dieses Buches, den nur einer aus derselben Seelen-Essenz machen konnte, danke ich von ganzem Herzen Frans van Haarlem.

Und last but not least möchte ich auch meinen tiefen Dank an Christa Falk ausdrücken, die es ermöglichte, daß euch White Bulls Liebe und Weisheit jetzt erreichen kann.

Ian Graham
Cobweb Cottage, Oktober 1999

Inhaltsverzeichnis

	Seite
Ian Graham	9
Wie es zur Begegnung mit White Bull kam	11
Ich bin White Bull	16
Über das Neue Jahrtausend	18
Über eure Wahl des richtigen Zeitpunkts	21
Über euer Blühen	25
Den Christus erwecken	27
Von der Richtung zur Dimension	29
Über sich ändernde Umstände	37
Über Ebbe und Flut	40
Über das Feiern	42
Bandenmitglieder gesucht	43
Über Geduld	45
Über Meditation	46
Ein Liebesfest feiern	49
Über Affirmationen	52
Über vergangene Leben	55
Über Karma	58
Vorspulen	61
Über den Treibhauseffekt	66
Über Vergangenes	70
Über Freundlichkeit	74
Über eure größere Bestimmung	77
Wohin gehört ihr?	81
Ihr seid ein heiliges Gefäß	84

Über das Durchbrechen alter Muster 89
Was ist damit gemeint? 92
Ein Loch ist im Eimer 93
Das letzte Glied in der Kette 96
Ihr seid wie ein Kristallsamen 97
Über Hingabe und Überantwortung 101
Seele oder Geist 104
Wer eure Führer sind 106
Prüfet die Geister 110
Über Prophezeiungen 113
Mehr über Prophezeiungen 116
Über Erdbeben 118
Über Krankheit 122
Über euren Todeswunsch 128
Wie steht's mit eurem Gedächtnis? 131
Über den Überfluß 134
Über Geben und Nehmen 139
Über Familien 142
Über Partnerschaft 148
Über Sexualität 153
Über den Klang der Wahrheit 155
Ihr seid mehr 158
Paßt auf eure Gedanken auf 160
Wie ihr helfen könnt 163
Die Botschaft des Geliebten 168

Ian Graham

Ian Graham wurde 1954 als Sohn schottischer Eltern in Devon, England, geboren.

Dort besuchte er die Schule und später in Edinburgh, wohin seine Familie nach dem Tod seines Vaters umzog.

Nach der Schule ging er nach Indien, um sein Ego aufzupäppeln, das durch die Ablehnung an einer Schauspielschule arg mitgenommen war. Die Monate in Indien verbrachte er als Lehrer für Schauspielerei und Vortragskunst in Dr. Graham's Homes, einem Heim für notleidende Kinder in Kalimpong, das 1900 von seinem Großvater, einem Missionar der Kirche von Schottland, gegründet worden war.

In Kalimpong, am Fuße des Himalaya gelegen, und auf Reisen in die benachbarten Länder Nepal, Bhutan und Sikim begann sich sein Interesse an der Mystik zu regen.

Schließlich kehrte er nach Großbritannien zurück und zog nach London, wo er in den folgenden zehn Jahren eine Reihe unterschiedlicher Jobs ausprobierte, unter anderem als Englischlehrer für ausländische Geschäftsleute, als Administrator einer umherziehenden Operngruppe, als Liftboy bei Harrods und als Sekretär und Spendenauftreiber für Dr. Graham's Homes in England.

In den späten 70ern traf er Ruby Tonks, eine Heilerin, die ihm sagte, daß er selbst auch ein Heiler sei. Dieses Treffen mit ihr war der erste Schritt auf einer Reise, die ihn schließlich Ende 1983 zu seiner ersten Begegnung mit White Bull führen sollte.

Bis 1989 arbeitete Ian ausschließlich in London, wo er als Heiler praktizierte und channelte. 1989 erhielt Ian eine erste Einladung in die Niederlande, die deutliche Spuren von White Bulls Hufen trug. Seither ist White Bull ein zunehmend gefragter Typ – in Holland, Belgien, England und Frankreich.

Auch Kalifornien haben Ian und White Bull bereits viermal besucht. Die längste Zeit, die Ian seit 1989 je irgendwo am Stück verbrachte, waren sechs Wochen.

1996 zog Ian in die Normandie in Frankreich, um sich in seinem Haus „Cobweb Cottage" niederzulassen, das er seither restauriert und wo er, wenn die Zeit es erlaubt, gern mit Freunden zusammen ist und im Garten töpfert.

Wie es zur Begegnung mit White Bull kam

Als der Name White Bull während einer Meditation vor fast sechzehn Jahren zum ersten Mal in meinen Kopf plumpste, fühlte ich mich auf der Stelle an meine allererste Schallplatte erinnert, die ich mit sieben Jahren auf dem neuen Plattenspieler spielte, den ich gerade zum Geburtstag bekommen hatte. Tagelang ging mir Tommy Steeles Interpretation von „A little White Bull" als Ohrwurm im Kopf herum.

Ich war 29, und wie es so seine Art ist, begann mein Saturn mit seiner Wiederkehr mein Leben tatsächlich von Grund auf umzukrempeln. Ein paar Wochen später hörte ich von einem Freund zum ersten Mal vom Phänomen des Channelns. „Vorsicht, Bill, laß dich nicht an der Nase herumführen. So was gibt's nicht", lautete meine erste Reaktion. Eine Woche danach erlebte ich mein erstes Reading von einem körperlosen Wesen, das durch eine Frau namens Julie sprach. „Ich möchte, daß du dich meiner Gruppe anschließt", sagte das Wesen. Noch ein paar Wochen weiter und ich finde mich als Neuling in einem Entwicklungszirkel wieder, der von Teacher (Lehrer), Julies Führer, geleitet wird und der bereits seit achtzehn Monaten besteht. Ich war nicht nervös, nur skeptisch. Sehr skeptisch.

Das erste, was wir an jenem Abend taten, war meditieren, und kaum hatte ich meine Augen geschlossen, fand ich mich in einem indianischen Zeltlager wieder. „So ein Klischee!" dachte ich im Stillen. Teachers Stimme unterbrach meine Gedanken, um mich durch dieses Lager zu führen, als wäre er dort bei mir. „Das bin ich, das ist meine Frau, das dritte Tipi von links ist meines", und so weiter. Die Kamera schwang herum, und ich sah einen großen Indianer unter einem Baum stehen und ein Pferd am Zügel halten. „Und das da drüben ist mein Freund White Bull, und der wird mit dir arbeiten." Naja, er hätte mich mit einer seiner Federn k.o. schlagen können!

11

Drei Wochen später hatte ich während einer Meditation plötzlich den Eindruck, als würden meine Hände größer und mein Körper runder (wahrscheinlich nahm er seine heutige Statur an – damals rauchte ich noch; das war vor dreizehn Jahren und achtzehn Kilos!) Auch mein Gesicht änderte sich – ich bekam hohe Wangenknochen und einen ausgeprägten Kiefer – genau wie die Indianer auf den Photos, die ich in Büchern gesehen hatte. Und dann, ohne daß ich irgend etwas hätte dagegen tun können, verschaffte sich eine dröhnende Stimme Luft: „Ich bin White Bull." Mein Schicksal war besiegelt.

‚Das wird die Leute beeindrucken, wenn sie mich danach fragen, was ich so mache', dachte ich, aber als die xten Augen mich nur komisch anstarrten, wenn ich es sagte, hörte ich auf, davon zu reden. Es schien so viel bezaubernder als all die anderen Tote-Hose-Jobs, die ich gehabt hatte, seit ich meine teure Schule in Edinburgh verlassen hatte. Während meine Klassenkameraden die Karriereleiter in ihren Handelsbanken und Börsenbüros hinaufkletterten, ‚suchte' ich immer noch danach, was ich mit meinem Leben anfangen wollte. Wie sehr graute mir damals vor der Frage: „Und was machst du so mit deiner Zeit?"

Mit einem hartnäckigen Missionarshintergrund der Kirche von Schottland und der sich daraus ergebenden Programmierung zu dienen, die sich dickflüssig durch meine Adern wälzte, nehme ich an, daß ein helfender und heilender Beruf wohl unvermeidlich war – aber warum nun gerade dieser, der mich ins Abseits dessen stellte, was gesellschaftlich in meinen Kreisen akzeptabel war und der sämtliche Knöpfe der Skepsis in mir selbst drückte? So mancher Wutanfall folgte auf dieses erste Treffen mit White Bull, und in den ersten zwei Jahren, in denen ich für andere channelte, glaubte ich nicht einmal an das, was ich tat, obwohl ich sehen konnte, daß ich ihnen half. Aber im Innersten wußte ich, daß dies der Weg war, den meine Seele gewählt hatte; ich konnte mich ihm nur überlassen und meine Suche war zu Ende.

12

Heute besteht ein weltweites Netzwerk unter White Bulls Freunden. Mitunter begegnen sie einander auf seltsame Weise: Flugpassagiere, die auf fremden Flughäfen stranden, einmal auch die beiden einzigen Europäer auf einem Inlandsflug in Japan, die nebeneinander saßen und entdeckten, daß sie in White Bull einen gemeinsamen Freund hatten. In Neuseland gibt es ein Tal, das nach ihm benannt ist, und in Belgien tragen eine Firma für Künstlermanagement und sogar eine Plattenfirma seinen Namen.

Sein Einfluß dehnt sich auch auf andere Gebiete der darstellenden Künste aus. Ein amerikanischer Filmregisseur bespricht die Themen seiner Filme mit ihm, und er hat mindestens an einer Balletaufführung an der Pariser Oper mitgewirkt, als Helfer eines der größten Choreographen der Welt.

Die White Bull-,Bande' kommt aus allen Ecken und Strömungen des Lebens; Tausende haben in den vergangenen vierzehn Jahren erlebt, wie das Höchste und Tiefste in ihnen von seiner großen Liebe und Wärme und von seinem Humor angerührt wurde – denn niemals wird er je zulassen, daß jemand sich über lange Zeit zu wichtig nimmt – am wenigsten er selbst. Für manche ist ihre Beziehung zu ihm auf ihre Unterhaltung mit ihm beschränkt. Für andere ist er ein häufiger Gast in ihrem Leben. „Es freut mich ungemein, daß du von jetzt an in mich vernarrt bist und an mir kleben wirst." Das sind oft seine Abschiedsworte. Viele empfinden seine liebevolle Präsenz, wenn er ‚Hausbesuche' macht und eine Visitenkarte in Form einer Feder hinterläßt.

Bei einer solchen Gelegenheit lud sich White Bull einmal selbst als Feriengleiter eines depressiven Klienten ein, der zu den griechischen Inseln fuhr. White Bull sagte diesem Mann, er würde seine Präsenz durch einen Haufen weißer Federn zu erkennen geben. Auf Insel Nr. 1 wurde der Mann durch ein seltsames Geräusch aus der Ruhe seines Sonnenbades gerissen. Er schaute auf und sah eine weiße Gans, die auf ihn zukam. Als sie ganz nah bei ihm war, begann sie, sich Federn aus ihrer Brust zu zupfen und sie neben dem Handtuch des Mannes zu einem Häufchen zu stapeln. Auf der nächsten Insel wurde er ähnlich aufgeschreckt, doch war es diesmal eine weiße Ente, die sich genauso verhielt wie zuvor die Gans!

White Bull hat auch nichts dagegen, Amor zu spielen. Vor kurzem wurde ich zum dritten Mal Trauzeuge auf einer Hochzeit, für die White Bull die Initialzündung gegeben hatte.

Es ist noch gar nicht lange her, da flog ein Holländer, Kapitän einer Boeing 747, in 10 000 Meter Höhe über dem Persischen Golf und hörte auf einmal eine Stimme in seinem Funkgerät: „Ist dort Chris?" — „Ja", antwortete er, „wer ist denn da?" — „Ein Freund von White Bull", kam die Antwort aus dem Cockpit einer anderen KLM-Maschine, die 500 Kilometer hinter ihm flog.

Heute hat sich White Bull (oder Mr Bull, W.B., Seine Hoheit, Weißer Stoff, um einige seiner Kosenamen zu nennen) in Herz und Sinn vieler Menschen eingenistet — dank seines liebevollen Beistands und sanften Humors. Mehr als dreißig Wochen im Jahr reise ich durch Nordeuropa und gebe private Readings — und gewinne jedes Mal mehr Freunde, für mich selbst wie auch für White Bull. Gnade (vielleicht auch ein anderer Name für White Bull) hat dafür gesorgt, daß ich nie auch nur einen Finger rühren mußte, um all das geschehen zu lassen. Heute bin ich froh, ja sogar geehrt, als sein Werkzeug bekannt zu sein.

Ihr könnt euch sehr wohl
bis an den Rand der Zerstörung bringen
– auch bis 5 vor 12.00 –
warum sollte Gottes großer Augenblick
daher auch nur einen Moment früher kommen?

Ich bin White Bull

Hallo, meine Freunde, und willkommen. Ich entbiete euch einen herzlichen und sehr lieben Gruß.

Ich freue mich riesig über diese Gelegenheit, mir meinen größten Wunsch zu erfüllen, nämlich euch zu Diensten zu sein, euch durch meine Worte an einen Ort tieferen Friedens zu bringen, zu größerer Klarheit und einem besseren Verständnis. Darüber hinaus hoffe ich, daß meine Lehren den Zweck erfüllen, ein bißchen Öl auf die Rädchen eures Lebens zu gießen, damit eure Lebensreise behaglicher und schöner werden kann und auf diese Weise euer Befinden frei von jeglichem Zwang und Druck.

So gesehen möchte ich, daß sich meine Worte auf euer jetziges Leben beziehen und darauf, wie ihr jetzt – denn das Jetzt ist der Augenblick der Schöpfung – euer menschliches Dasein in eine Feier alles dessen verwandeln könnt, was gut ist, was Gott ist. Ich möchte nicht, daß ihr meine Lehren dazu benutzt, euch auf eine Zukunft vorzubereiten, deren Kommen euch andere vielleicht angekündigt haben, sondern dazu, das höchste Leben zu erschaffen, das ihr euch jetzt für euch vorstellen könnt.

Ich möchte auch, daß ihr wißt, daß ich euch im Namen des Höchsten in euch diene, und ich hoffe, ihr merkt, daß das wahr ist – an der Resonanz, die ihr in eurem tiefsten Innern empfindet, während ihr meine Worte lest. So gesehen ist das größte Kompliment, das ihr mir machen könnt, der Satz: ‚Naja, natürlich weiß ich das alles längst'

Ich muß euch auch erklären, wer ‚wir' sind, denn ich allein könnte euch diese Lehren nicht bringen. Laßt mich euch also eine kleine Geschichte erzählen.

Es war einmal eine kleine Gruppe Indianer, die ritten immer zusammen aus. Eines Tages jedoch beschloß der Jüngste von ihnen, allein auszureiten und sich den Herausforderungen des Lebens ,da draußen' zu stellen, um sich selbst zu erproben. Was er nicht wußte, war, daß seine Freunde ihm folgten, jeden seiner Schritte überwachten, bis hin zu seinem Entschluß, den Grund einer Schlucht zu erforschen. Sie beobachteten ihn, wie er ganz leicht einen Weg in die Schlucht hinab fand, und sie beobachteten ihn, wie er seinen Rückweg antrat. Doch nahm er einen anderen Pfad, um wieder hinauf zu kommen, und als er beinahe oben angekommen war, fand er sich auf einem Felsvorsprung gefangen. Seine Freunde schauten ihm liebevoll zu, wie er über seine Möglichkeiten nachsann. Sie waren einander so nahe, daß sie ihm telepathisch mitteilen konnten, nicht abermals auf den Grund der Schlucht hinabzuklettern, obwohl er dort sicherer gewesen wäre, sondern vielmehr dort zu warten, wo er war. Seine Freunde, die stets auf alles mögliche eingestellt waren, wählten denjenigen, der ihm am nächsten war: er sollte an einem Seilende herabgelassen werden, um dem Festsitzenden zu helfen; die anderen, die oben geblieben und stärker waren, konnten dann helfen und sie beide hinaufziehen.

Nun, ihr Lieben – ich bin derjenige, der da am Seilende baumelt. Und hinter mir sind liebe Freunde von mir, die das Seil halten, und sie sind auch Freunde von euch in der Welt des Lichts, die sich wie ich danach sehnen, euch heraufzuziehen, damit ihr den Pfad der Wahrheit findet.

17

Über das Neue Jahrtausend

Liebste Freunde, wenn ihr dies lest, werden sich viele der Vorhersagen über die Zeit, die ihr gerade durchlebt habt, nicht erfüllt haben. Auf jeden Fall nicht die, die ein apokalyptisches Szenario prophezeit haben. Ich vertraue deshalb darauf, daß ihr frei durchatmet und der Zukunft mit Optimismus entgegenseht.

Für diejenigen von euch, die das Vergehen der Zeit nach dem Christlichen Kalender messen und für die deshalb das Jahr 2000 einen wichtigen Geburtstag darstellt, zählt doch am meisten nicht irgendeine numerische Bedeutung, sondern vielmehr die Tatsache, daß ihr euer Augenmerk auf das Leben des großen Heilers und Lehrers *Jesus von Nazareth* gerichtet habt.

Und wenn so viele Gedanken und Gebete auf IHN gerichtet sind, der so vollkommen das Licht des Christus verkörperte, wie kann es euch allen dann nicht auch ganz nahekommen? Wie kann derselbe Geist dann nicht auch in euch wachsen? Wie könnet ihr nicht aus Seinem Beispiel erneut Inspiration schöpfen und eure Absicht erneuern, Seinem Weg zu folgen?

Und in Seiner Nähe — wie in der Nähe so vieler großer Lichtwesen, derer ihr euch heute erfreuen könnt, da findet sich die Gewißheit und Bestätigung, daß es sicher ist, die Vergangenheit loszulassen und ohne Angst vor der Zukunft im Heute zu leben.

Und so wie es für viele von euch Brauch ist, zu Beginn eines neuen Jahres einen Entschluss zu fassen, daß ihr dies oder jenes lassen oder eine neue, bessere Gewohnheit annehmen wollt, so jubeln wir, wenn wir sehen, wie viele von euch sich in einem kollektiven Entschluß vereinen, eine bessere Welt erschaffen zu wollen!

Ob ihr eure Absicht nun mit diesem kollektiven Willen vereint oder sie nur in der Intimität eures eigenen Herzens gefaßt habt – damit eine wirklich dauerhafte Änderung eurer Welt geschehen kann, bedarf es als der Basis vor allem eures unwiderruflichen Entschlusses zu *vergeben* – jedermann in eurer Vergangenheit jede

18

Verletzung – sei sie real oder in Gedanken – zu vergeben. Und wenn der Eintritt in dieses Neue Jahrtausend nicht sofort das Ende all jenes menschlichen Verhaltens mit sich bringt, das eure Sensibilität so angreift, dann müßt ihr gleichermaßen willens sein, immer sofort alles Fehlverhalten zu verzeihen, das sich gegen einen Teil der göttlichen Schöpfung richtet.

Nicht zu vergeben, bedeutet nicht weniger eine Leugnung des CHRISTUS als die eures Bruders Petrus, als er dreimal seinen Meister verleugnete. Nicht zu vergeben heißt, eine Welt der Dualität zu verewigen, wo die Begriffe von gut und böse, von richtig und falsch gedeihen und die zerbrechlichen Egos derer gefangenhalten, die dem Bann der materiellen Realität zur Gänze erlegen sind.

Erinnert euch, Vergebung ist nicht eine Haltung, um euer Gewissen zu beruhigen oder um die Effekte einer unrichtigen Handlung zu eliminieren; vielmehr heißt es, den Glauben an das Böse selbst zu beseitigen und sich aus der Dualität zu befreien.

Die Welt, die ihr mit eurem Entschluß im kommenden Jahrtausend zu erschaffen hofft, kann nicht Wirklichkeit werden, wenn ihr auch nur das geringste Ressentiment gegen andere oder Schuld euch selbst gegenüber aufrechterhaltet. Noch auch kann sie erstehen, wenn eine der Waagschalen der Gerechtigkeit gesenkt ist, sondern nur wenn sie sich im vollkommenen Gleichgewicht befinden.

Doch dadurch, daß ihr vergebt anstatt zu verurteilen oder euch schlecht behandelt zu fühlen, bringt ihr nicht nur Vertrauen in die Volkommenheit der Göttlichen Gerechtigkeit zum Ausdruck, sondern ihr fangt auch an, euer Bewußtsein auf eine Ebene zu erheben, wo das Licht, das dann aus euch strahlt, es den anderen immer schwerer macht, in eurer Gegenwart in einer Weise zu sprechen oder zu handeln, die euch verletzen könnte.

Durch Vergebung wird ein Teil eurer selbst daran erinnert, wo ihr selbst einst standet auf eurer Reise durch die Evolution – vielleicht in Leben, an die ihr euch nicht erinnert – und daran, daß ihr diese Unwissenheit überwunden habt; aus dieser Einsicht können die Qualitäten von Bescheidenheit und Dankbarkeit hervorgehen; Dankbarkeit für die Gnade, die euch geholfen hat zu überwinden – Qualitäten, die entscheidend für euren Aufstieg sind.

Nur dadurch, daß ihr allem und jedem aus eurer Vergangenheit vergebt, kann sich euer Herz schließlich der Erfahrung wahrer Dankbarkeit öffnen für das, was vergangen ist.Denn nur dann werdet ihr verstehen, wie vollkommen der Weg war, den ihr gegangen seid, und wie wahr das Wort ist: „Wenn Gott für mich ist, wer kann gegen mich sein!"

Meine Lieben, könnt ihr euch ein schöneres Geschenk vorstellen, das ihr der Welt zu Beginn des neuen Jahrtausends macht? Welch eine Gewißheit könnt ihr denen bringen, die in Furcht leben, durch den sichtbaren Geist der Dankbarkeit, der von euch ausstrahlt und ihnen die Wahrheit verkündet, daß alles gut ist! Welche Freiheit könnt ihr ihnen bringen durch den Strom des Bewußtseins, der unaufhörlich um euch und durch euch fließt und ihnen sagt: „Euch ist vergeben!"

Wenn ihr nur sehen könntet, was ich sehe: die zahllosen Wesen, die sich so danach sehnen, diese Worte von einem zu hören, der mit der Autorität des Christus spricht! In demselben Augenblick werden sie davon ablassen, all die lieblosen Taten zu begehen, die die Göttliche Schöpfung verletzen oder Teile von ihr zerstören, und womit sie ihren Abscheu vor sich selbst zum Ausdruck bringen.

Wie immer euer Jahrtausend-Entschluß aussehen mag – betrifft er nur euer eigenes Leben oder das der Menschheit – ihr werdet ihn viel leichter einhalten können, wenn ihr zuerst den Entschluß faßt zu vergeben.Und wenn es ganz schlimm kommen sollte und ihr könnt ihn nicht halten, dann werdet ihr es wenigstens viel leichter finden, euch selbst zu vergeben.

Meine liebsten Freunde, ein Glückliches Neues Jahrtausend für euch alle!

White Bull

Über eure Wahl des richtigen Zeitpunktes

Ihr Lieben, ihr staunt darüber, daß eure Wissenschaftler eine Rakete zum Mond schicken und sie auch rechtzeitig zurückbringen können. Aber ist es nicht noch viel wunderbarer, daß ihr jahrhundertelang in vielen verschiedenen physischen Körpern gereist und jetzt wieder auf der Erde gelandet seid – genau zur rechten Zeit!

Für viele von euch entspringt euer derzeitiges Dasein in menschlicher Form einer Verpflichtung, die ihr vor Äonen von Jahren eingegangen seid, einer Verpflichtung, zu dieser überaus wichtigen Zeit in der Geschichte eures Planeten am Leben zu sein. Und ein Teil dieser vor so langer Zeit eingegangenen Verbindlichkeit besagte, daß ihr in der dazwischenliegenden Periode all die Erfahrungen sammeln solltet, die nötig sind, um euch für die jetzt vor euch liegende Aufgabe zu rüsten.

Nun habt ihr euch damals, zu Beginn dieses Inkarnationszyklus, damit einverstanden erklärt, in jedem einzelnen Leben einen beherrschenden Faktor, eine herausragende Lektion zu akzeptieren, die euch auf eure Arbeit in dieser Inkarnation vorbereiten sollte. Vielleicht habt ihr in einem Leben die Lektionen von Opferbereitschaft und deren Irrtümern gelernt; in einem anderen die Hingabe an eine Sache; in wieder einem anderen alles über menschliche Beziehungen oder Führerschaft; in jedem einzelnen eurer Leben lernt ihr Lektionen über den Gebrauch von Macht. Das Ergebnis ist, daß in all diesen Leben nicht ein einziger Aspekt menschlicher Erfahrung unberührt geblieben ist.

Jetzt in diesem Leben, nach eigener Wahl in die Zivilisation geboren, von der ihr ein Teil seid, findet ihr jedoch, daß jeder Aspekt eures Wesens schon berührt worden ist. Ihr findet Strapazen in eurem Leben, die sich auf euer spirituelles, kreatives, emotionales Leben und noch anderes auswirken. Vielleicht habt ihr den Eindruck, daß ihr in diesem Leben bereits Schmerz

21

und Leid genug für mehrere Inkarnationen erfahren habt. Dieses Kapitel eurer gegenwärtigen physischen Verkörperung mußte eine Konzentration sein, ein Zusammenweben aller einzelnen Fasern der Vergangenheit zu einem Knoten, damit ihr euch in dem Impuls, alles zu entwickeln, wieder mit der Vision in Verbindung bringt, die euch überhaupt erst in diesen Körper gebracht hat.

Wir sehen, wie so viele von euch unermüdlich an sich arbeiten, um all die Wunden der Vergangenheit zu heilen, und wie entmutigt ihr seid, wenn das, was ihr für geheilt hieltet, von neuem seinen häßlichen Kopf hervorstreckt. Das Ringen scheint niemals aufzuhören. Es ist wie eine Reise mit der Bahn in den Bergen; ihr seid in einem dunklen Tunnel, kommt dann plötzlich ans Tageslicht, doch bevor sich eure Augen überhaupt ans Licht gewöhnen können, um die wunderschöne Aussicht zu genießen, seid ihr schon wieder in einem anderen Tunnel. Seid nicht entmutigt! Denkt daran, ihr bereitet euch auf etwas Enormes vor; das erreicht man nicht in ein paar Tagen. Jeder Tunnel ist nötig, um euch höher, ja sogar bis zum Gipfel menschlichen Bewußtseins zu bringen.

Bedenkt auch, daß diese Tunnel in der Tat der sicherste Aufenthaltsort sind. Vielleicht gilt sogar: je dunkler, desto besser, denn nur, wenn ihr in einem Tunnel seid, der so schwarz ist, daß ihr eure Nasenspitze nicht sehen könnt, müßt ihr einzig und allein auf Gott vertrauen, daß er euch weiter führe. Wäre da auch nur ein ganz schwaches Licht, so würdet ihr euch zuerst darauf verlassen. Ihr würdet so viel Energie sparen, wenn ihr, anstatt um euch zu schlagen in eurer Not um ein Verstehen, das euch Halt geben könnte, euch einfach in Gottes liebende Umarmung sinken lassen könntet – genau so, wie ihr euch nach einem langen Arbeitstag in ein heißes Bad oder euren Lieblingssessel sinken laßt.

Wir wissen, wie frustrierend es auch für euch ist, wenn ihr euch umschaut und diejenigen betrachtet, die scheinbar keinerlei

Interesse am eigenen Wachstum und dennoch kein Problem damit haben, jene Dinge zu manifestieren, die ihr selbst so gern hättet. Ihr Leben scheint im Vergleich zu eurem so leicht zu sein. Der Grund, warum ihr Leben so leicht zu sein scheint, geht euch nichts an. Der Grund, warum euer Pfad euch nicht bringt, was ihr wollt in eurem irdischen Leben, liegt nicht an irgendeiner eventuellen Ungerechtigkeit von Gottes Gesetzen. Ihr könnt wahrhaftig alles haben, was ihr wollt, und das auf jeder Ebene. Doch ihr habt auf der Ebene eures Höheren Selbst gewählt, daß es sich durch göttliches Gesetz manifestieren soll, und nicht durch eure Willenskraft.

Gebt acht, daß ihr nicht den spirituellen Pfad mit dem der Selbstheilung verwechselt; letzterer ist möglicherweise mehr psychologischer Natur. Der Pfad der Selbstheilung mag nicht unbedingt dazu ausreichen, euch das zu bringen, was ihr wollt, denn er arbeitet mit Kopf und Herz nur in dem Ausmaß, daß Wunden aus der Vergangenheit geheilt werden. Er bedeutet das Vorbereiten der Erde in eurem Garten, das Wegnehmen von Steinen und Unkraut. Der spirituelle Pfad ist das Einbringen der Saat und das gewissenhafte, disziplinierte Nähren dieser Samen, damit es zu einer reichen Ernte kommt – eurer Selbstverwirklichung, enthalten in dem, was die Erfüllung eurer Bedürfnisse sein wird, jedoch nicht immer eurer Wünsche.

Euer Pfad der Heilung bringt euch vielleicht in Kontakt mit wechselnden Heilungsmöglichkeiten, und alle Heiler, die ihr trefft, werden auf euren Pfad gezogen, weil sie für euch in dem Augenblick richtig sind, selbst wenn ihr das zu der Zeit nicht sehen könnt. Ihr könnt viel Hilfe und Anregung empfangen von den vielen Selbsthilfebüchern, die euch zur Verfügung stehen; viele sind unmittelbar von der Geistwelt inspiriert, um euch in der Vorbereitung zu ermutigen, ehe ihr die Saat aussät. Mitunter überlappen sich die Pfade auch, wenn ihr eure Höhere Kraft voller Vertrauen und Demut um Hilfe bittet.

Es kann sein, daß ihr das meistens in Augenblicken des Zweifels tut. Wie stark auch eure Zweifel manchmal sein mögen, egal, wie konträr eure Lebensumstände sich zu dem verhalten, was verheißen wurde – ich verspreche euch noch einmal, ihr Lieben, mit jeder Minute näher ihr euch weiter dem Durchbruch, nach dem ihr euch so sehr sehnt. Was für ein Mangel an Ergebnissen da auch scheinbar herrschen mag, wir wissen, ihr tut euer Bestes. Beurteilt euch nicht, nie! Und habt auch nicht den Eindruck, daß ihr es nicht schafft. Schaut einfach in eure Herzen und erinnert euch an die Absicht, die auf ihm eingraviert ist – und bezieht Mut aus ihr.

Und natürlich vergeßt nicht, euch zu eurer hervorragenden Wahl des richtigen Zeitpunktes zu beglückwünschen – und nicht nur dafür, daß ihr in eurem gegenwärtigen physischen Körper so pünktlich angekommen seid, sondern auch dafür, daß ihr eurem Pfad erlaubt habt, sich so zu entwickeln, wie er es jetzt tut. Vertraut darauf, daß in dem Maße, in dem sich euer Leben entfaltet, alles zur rechten Zeit geschieht. Vertraut darauf, daß Gott nie zu spät kommt – aber akzeptiert, daß er auch nie zu früh kommt!

Über euer Blühen

Denkt einmal an euren Garten im Frühling. Die Sonnenwärme beginnt, das neue Wachstum an die Oberfläche zu ziehen. Doch ehe die Schößlinge über der Oberfläche erscheinen, muß das Wachstum zunächst im Dunkel der Erde stattfinden. Wenn diese Saat zuerst keimt, wird der Schößling in eine Richtung gezogen, der er nicht widerstehen kann, aber in solcher Dunkelheit hat er keine Bezugspunkte, anhand derer er sagen könnte, wo er sich befindet. Dann kommt der magische Augenblick, in dem er sich seinen Weg durch die Erdoberfläche bahnt; dann sieht er nicht nur die Sonne, die ihn aufwärts gezogen hat, sondern er findet auch, daß er nicht allein ist, daß da andere sind wie er, die ebenfalls durch die Dunkelheit gereist sind. Das Licht zu sehen, bedeutet jedoch nicht das Ende der Reise, denn nun muß er seine Kraft erproben gegen die Elemente, bis er so stark geworden ist, daß ihn nichts mehr verletzen kann, bis die Membran, die die Knospe schützt, bereit ist aufzuplatzen und die Blüte beginnen kann.

Von der Zeit an, seit ihr die Geistwelt verlassen habt, um in euren physischen Körper einzutreten, bis zu diesem Moment gleicht eure Reise der Reise dieser Pflanze. Die Zeit, die ihr mit dem Wachstum in der Dunkelheit verbracht habt, ist die Zeit, als ihr nicht wußtet, warum ihr auf der Erde seid, nicht wußtet, wohin ihr geht, und vielleicht nur unbewußt eine Kraft spürtet, die euch voran zog. Ihr fühltet euch einsam und ‚anders‘, wußtet aber nicht warum, und ihr konntet euch sicher nicht vorstellen, daß es da andere gab wie euch. Und dann kam der Moment des Durchbruchs, und was vorher nur eure Seele wußte, wurde nunmehr euer bewußtes Wissen, und ihr hattet die erste spirituelle Begegnung mit etwas oder jemandem. Ihr saht das Licht und dachtet im Stillen: ‚Ich bin angekommen! Ich bin wieder zu Hause!‘ Ihr traft andere, die wie ihr waren und sich auf derselben

Reise befanden. Aber wie ihr herausgefunden habt, wart ihr noch nicht wirklich zu Hause, habt ihr dem Schmerz nicht wirklich Adieu gesagt, denn die Reise nach oben bringt ihre eigenen Plagen und Drangsale mit sich. Und für viele von euch dauert diese Reise weiterhin an.

Zweifelt nie, ihr Lieben, daß der Moment der Blüte, der Moment der Selbstverwirklichung, der Zeit, da euer mächtiges Potential freigesetzt wird, kommt, kommen muß. Wie kann eine Blume sich weigern, sich der Wärme der Sonne zu öffnen? Ihr braucht nicht zu wissen, wann das sein wird, denn das Erblühen geschieht immer in Gottes Zeit, in der Fülle der Zeit. Und ich kann nicht versprechen, daß es ohne Schmerzen gehen wird: die Membran, die die Knospe schützt, muß sterben, damit die Knospe aufgehen kann. Jegliches Netz aus Illusionen, jegliche aufgesetzte Persönlichkeit, jeglicher Glaube an Trennung muß wegfallen, damit sich eure Schönheit und Bestimmung enthüllen und euer duftiger Segen in die Welt entlassen werden kann.

Und wißt ihr, ihr Lieben: Hättet ihr Ohren zu hören, und hieltet ihr euer Ohr an eine Rosenknospe, so würdet ihr auch ihre Schmerzensrufe hören, während sie sich öffnet, um ihre Schönheit zu offenbaren.

Den Christus erwecken

Wie kann ich den Christus in mir erwecken?

Indem du danach in anderen schaust, denn es braucht Einen, um Einen zu sehen. Und dazu mußt du die Gegenwart des Christus in anderen anerkennen; das ist ein wichtiger erster Schritt.

Aus ihm folgt, daß du dich dann der Aufgabe widmen wollen wirst, mit der Gewohnheit zu brechen, Leute nach ihrer Erscheinung oder ihren verletzten Verhaltensmustern zu beurteilen. Der zweite wichtige Schritt.

Wenn du anerkannt hast, daß der Christus in allen ist und daß deshalb alle im wesentlichen vollkommen sind, kannst du anfangen, dich selbst darin zu üben, alle, selbst jene, deren Oberflächen-Selbst du nicht magst, mit unendlichem Mitgefühl anzuschauen, wie ein Christus es tun würde; du wirst darüber hinaus sehen, daß sie in deinem Leben als deine Lehrer auftreten, so wie Christus es ist.

Befindest du dich in einer schwierigen Beziehung mit jemandem, so halte ihn nicht mit deinen Gedankenformationen von seiner Unvollkommenheit gefangen. Statt dessen stelle dir das nächste Mal, wenn du mit ihm sprichst, vor, du sprächest mit dem Christus in ihm; wenn du das machst, stellst du eine Verbindung mit dieser Ebene in ihm her und ziehst sie an die Oberfläche, und so befreist du ihn von seinem alten Verhaltensmuster. Zugleich befreist du dein eigenes Herz von den Ängsten, die es überhaupt erst notwendig machen, andere zu beurteilen.

Dies ist die Art, wie Jesus heilte. Als er den Blinden heilte, sah Jesus natürlich mit seinem physischen Auge, daß der Mann blind war. Aber als er zu ihm sagte: „Öffne deine Augen und sieh!", sprach er zu dem vollkommenen Wesen, dem Christus in diesem Mann, das er auch wahrnehmen konnte. Dieses Vollkommene in dem Blinden vernahm den Ruf, kam hervor, und der Mann war nicht länger blind.

Natürlich hatte Jesus darüber hinaus den Vorteil unbedingten Glaubens, und das drückte sich in seinen Worten auf so starke Weise aus, daß der Christus in dem Blinden sich gar nicht weigern konnte, hervorzutreten. Doch laßt euch davon nicht davon abhalten, es selbst zu versuchen. Die Wirkung wird unmittelbar sein insofern, als ihr wißt, daß ihr mit dem Höchsten in euch selbst in Resonanz seid, daß ihr bewußt Schritte unternehmt, ein Christus zu werden.

Ihr Lieben, ich möchte euch sagen: Öffnet eure Augen und seht! Öffnet euer spirituelles Auge und seht nur Schönheit um euch herum und in all euren Mitmenschen.

Öffnet euren Mund und sprecht nur Schönheit.

Öffnet eure Ohren und hört nur Schönheit.

Von der Richtung zur Dimension

Der Punkt, an dem eure Seele euer Leben dahin führt, die ersten bewußten Schritte auf dem Weg zum Wachstum zu machen, ist erreicht, wenn ihr anfangt, Richtung gegen Dimension auszutauschen. In dem Maße, wie euer Wunsch zunimmt, eurem Leben mehr Dimension zu verleihen, verringert sich euer Interesse daran, dem Weg der Richtung zu folgen, nur in irdischen Dingen Erfolg zu haben. Das Bedürfnis, persönliche Absichten zu verwirklichen und in den Augen anderer einen gewissen Status aufrechtzuerhalten, ist dann nicht mehr treibende Kraft in eurem Leben. Es wird ersetzt von dem Wunsch, euer Leben zu vereinfachen, und von der Sehnsucht nach Freiheit. Wie oft vernehmen wir euren Ruf: „Ich möchte frei sein!", der aus dem Gefängnis herausschallt, das ihr euch selbst geschaffen habt.

Bei manchen ist diese Idee von einer Richtung, von Ehrgeiz und Status, nie aufgetreten; sie sind nicht dazu geboren, einem so klar definierbaren Pfad zu folgen, und vielleicht hat die Gesellschaft sie scharf verurteilt, sie sogar dumm oder Taugenichtse genannt. Sie sind nicht besser dran, weil sie nichts zu verlieren haben, denn ihr Leid lag in den Jahren der Wirrnis ohne bewußte Richtung, in denen sie mit der Ablehnung von seiten der Eltern und der Gesellschaft konfrontiert wurden aus dem einfachen Grund, daß ihr Leben nicht der linearen Konvention entsprach. Aber: Haltet ihr eine Rose für fehlerhaft, weil sie später blüht als eine Narzisse?

Wegen ihrer ihnen angeborenen Sensibilität werden jene, die von Natur aus zu einem Leben in Dimensionen neigen, die Projektionen anderer viel eher in sich aufnehmen und ausagieren als die richtungsgebundenen Menschen. Da ihr Sinn für sie selbst sich viel später entwickelt, werden sie leichte Beute für jene, die mit Argumenten des ‚gesunden Menschenverstands' ihr hervorstrebendes Selbst unterhöhlen. Ihre Arbeit der Selbstheilung besteht daher darin, sich von den Unsicherheiten zu distanzieren, die ihnen von jenen aufgezwungen werden, die sie entweder nicht verstehen oder unbewußt neidisch sind auf ihre Höherentwicklung. Dies ist wesentlich für ihre Selbstakzeptanz und ihren Gewinn an Kraft, und dadurch, daß sie dazu stehen, wie sie wirklich sind, wird die Basis geschaffen für ihre höhere Bestimmung. Eine ihrer Hauptaufgaben besteht auch darin, daß sie ihr größtes Geschenk, ihre Sensitivität, in etwas verwandeln, das **für** sie arbeitet und nicht gegen sie. Anstatt daß sie wie eine Dünnhäutigkeit wirkt, die sie verletzbar macht, muß sie getragen werden wie eine glänzende Rüstung, die nicht nur alles Schädliche abstößt, sondern auch gut Licht reflektiert. In solchen Wesen ist Sensitivität das Kennzeichen ihres Kriegertums, der Beweis, daß sie eine Rolle zu spielen haben in den vordersten Rängen der Ersten Armee.

Diejenigen, die von Natur aus dimensional leben, sind aber keineswegs Opfer einer richtungsgebundenen Welt. Ihre Seelen haben eine wohlüberlegte Entscheidung getroffen, in eine scheinbar völlig fremde Umwelt geboren zu werden, so daß ihre erste Aufgabe unter Umständen darin besteht, Stärke und Mut zu entwickeln, sich selbst treu zu bleiben, sogar angesichts gemeinster Verspottung und Beurteilung von außen. Immer häufiger werdet ihr solche Wesen in eurer Gesellschaft auftauchen sehen, und diese Menschen verdienen euren Beifall genauso wie jene, die mit einer gewählten Richtung konform gehen und darin brillieren. Ich möchte jetzt besonders zu Eltern sprechen: Wenn es so aussieht, als hätte euer Kind noch nicht gefunden, was es im Leben tun will, so liegt das höchstwahrscheinlich daran, daß seine Seele auf einen besonderen Ruf wartet, der in göttlicher Zeit ergeht und nicht unbedingt den herkömmlichen Phasen menschlicher Entwicklung oder eurer Wünsche für das Kind entspricht. Zahllose Seelen inkarnieren sich in unserer Zeit, die einen verschlüsselten Plan in sich tragen, der bedeutsam ist für diese überaus wichtige Zeit in der Evolution der Menschheit und des Planeten, der aber außerhalb der Erwartungen der Gesellschaft liegt. Die ganze Zeit über, während sie darauf warten, daß ihre Berufung geboren wird, reisen sie auf andere Weise durchs Leben, legen ihre inneren Ressourcen durch die Erfahrung schmerzhaften Getrenntseins von der gesellschaftlichen Norm frei und versuchen, einen Sinn für ihr Selbst zu etablieren, der sich statt auf das Tun vielmehr auf das Sein gründet. Wenn solch eine Seele in eure Familie kommt, so feiert das gebührend! Laßt sie sogar euer Lehrer sein! Laßt eure Beobachtungen von ihnen dazu beitragen, euch selbst mehr in ein dimensionales Wesen zu formen. Und als Eltern laßt das Geschenk, das ihr euren Kindern mitgebt, vor allem die Gewißheit sein, daß sie von euch richtig gesehen werden, in ihrem wahren Kern.

Denn, ihr lieben Freunde auf der Erde, so viele von euch leiden immer noch darunter, daß sie in den ersten Stunden und Tagen ihres Lebens nicht als die besondere Seele erkannt wurden, die sie doch sind. Hättet ihr als Säugling die Gabe der Rede gehabt, hättet ihr euren Eltern gesagt: „He, Mutter, Vater, ich bin's! Erkennt ihr mich nicht? Ich bin's. Ich!" Aber natürlich war das einzige, was die Eltern erkennen konnten, ein kleines Kind, das sie liebten, so gut sie konnten. Daß ihr nicht erkannt wurdet, führte euch zu der Annahme, daß etwas mit euch nicht stimmte, und daß ihr, wolltet ihr auch nur ein Quentchen eurer Bedürfnisse erfüllt bekommen, zuallererst alles tun müßtet, um euren Eltern zu Gefallen zu sein.

Wenn die Raupe beschließt, es sei an der Zeit, einen Kokon zu spinnen, so ist das der Augenblick, in dem sie beschließt, Lebensrichtung gegen Lebensdimension auszutauschen. Kein Leben des Herumkriechens mehr auf einem Blatt, um den Appetit zu stillen. Sie läßt ihr bisheriges Leben hinter sich, ist sogar bereit, ihre gesamte Identität aufzugeben und ins Nichts einzugehen, ehe sie zur geflügelten Schönheit wird.

Euer Übergang von einem Wesen der Richtung zu einem Wesen der Dimension wird sich genauso gründlich vollziehen wie das der Raupe, doch die dazu benötigte Zeit und die Intensität der Erfahrung sind nicht festgelegt. Beides hängt vom Widerstand gegen die Veränderung ab und von den Bindungen an das alte Leben und das alte Selbst. Je mehr in das materielle Leben investiert wird und je größer der Glaube an das persönliche Erscheinungsbild ist, desto dunkler wird die darauf folgende Nacht der Seele ausfallen, denn da gibt es ja viel mehr zu verlieren – wobei allerdings der Eindruck, etwas aufzugeben, ein Trugschluß ist, denn was anschließend seinen Platz einnimmt, ist unendlich viel wertvoller. Es besteht kein Zweifel, ihr Lieben: mit Halbherzigkeit kann das nicht gehen. Ihr könnt nicht den Kuchen essen und ihn gleichzeitig behalten. Manche geraten vielleicht in Versuchung, besonders jene, die mit ihrem Erscheinungsbild gut gefahren sind; doch kann Spiritualität niemals der Rahmen sein, um euer Erscheinungsbild zu verschönern, denn dann wäre sie so wenig authentisch wie die Vergoldung, die den Rahmen ziert. Statt dessen bedeutet die Reise in die Dimensionalität das Abschälen der überlagernden Schichten und Übermalungen, die das Gemälde eines Alten Meisters verhüllen, das, wenn es erst einmal wieder-hergestellt ist, keinen Rahmen braucht, um seinen Wert zu steigern.

Wie auch immer – niemand wird davor gefeit sein, sagen zu müssen: ‚Ich weiß nicht mehr, wer ich bin.‘ Auch kann keiner die Veränderungen vermeiden, die in jeder Zelle seines Körpers statt-finden müssen und die eventuell mit merkwürdigen Symptomen einhergehen, für die die Schulmediziner keine Diagnose finden. Was ihr in Wirklichkeit durchlebt, ist der alte Schmerz des Widerstands und der Notwendigkeit, euer an die Oberfläche kommendes wahres Selbst unterdrücken zu müssen – die Mediziner aber werden euch wahrscheinlich sagen, das sei alles psychosomatisch. Ihr findet vielleicht auch, daß Eigenschaften, die ihr einst hoch hieltet, wie Ordentlichkeit oder ein Auge fürs Detail, sich wandeln. Vielleicht habt ihr den Eindruck, euer Gedächtnis zu verlieren. Vielleicht wollt ihr mehr Zeit als gewöhnlich allein verbringen. Vielleicht empfindet ihr einen ungewohnten Abstand zu euren Freunden oder ein einsames Sehnen nach jemandem, der euch wirklich verstehen und in die neuen Tiefen schauen könnte, die sich in euch auftun. Vielleicht fühlt ihr euch euren Stimmungen mehr ausgeliefert und merkt überrascht, daß ihr häufiger als früher weint oder sehr wütend werdet – all die Gefühle, die ihr so lange begraben mußtet, um euch Liebe zu verdienen.

Solche Veränderungen ereignen sich außerhalb der Zeit und außerhalb jeglicher Parameter menschlicher Verstandeskontrolle. Die Entscheidung, sich zu verändern, ist keine bewußte – ebensowenig wie eine Blume eine bewußte Entscheidung darüber fällen muß, ihre Blüte zu öffnen. Ich sage das nur, ihr Lieben, um euch daran zu erinnern, daß Willenskraft allein nicht ausreicht, jenen Wandel herbeizuführen, von dem ich spreche. Denn dann wäre da wenig Raum für Demut. Ihr könntet Willenskraft oder Verstandeskraft benutzen wollen, wenn ihr spirituelles Wachstum als einen Weg ansähet, ein netterer Mensch zu werden, euch besser zu fühlen oder sogar, um andere zu beeindrucken. Solche Ziele wären aber ein Hindernis auf eurer Reise, denn sie werden aus Unsicherheit heraus geboren, nicht aus dem Wunsch eurer Seele. Der wahrhaft dimensionale Mensch braucht nicht über seine Spiritualität oder seine Gaben zu sprechen, denn für ihn sind sie so normal wie das Atmen. Derjenige, der noch einen Fuß auf dem Weg der Richtung hat, wird einen Weg finden wollen, den er zusammen mit anderen Qualifikationen und menschlichen Errungenschaften seinem Lebenslauf hinzufügen kann.

Wie ein Baum, wenn er reif und größer wird, mehr und mehr Äste bildet, genauso bringt ihr, wenn ihr spirituell heranreift, mehr und mehr Dimensionen hervor. Doch obwohl man die

Symptome des Wandels erkennen und empfinden kann, sind die sich daraus ergebenden Dimensionen doch nicht so einfach zu definieren, denn sie liegen jenseits des Ego. Die unteren Äste eines Baumes tragen weniger Früchte als die jüngeren weiter oben, die der Sonne näher sind. Genauso werdet ihr finden, daß euch menschliche Talente und sogenannte Geistesgaben, psychische Gaben, die so viele von euch jetzt für wichtig halten und zum Maßstab machen für den Grad an erlangter Spiritualität, keine Nahrung mehr bieten.

Nichts von alledem wird euch noch zufriedenstellen oder in irgendeiner Weise nützlich sein. Weder eure intellektuellen Fähigkeiten noch Verstandeskraft; weder eure Fähigkeit zu channeln noch die Zukunft vorherzusagen; weder eure Fähigkeit, auf andere charmant zu wirken und sie in euren Bann zu ziehen, noch durch Feedback eines anderen Menschen eure eigene Einschätzung zu bestimmen; weder die Ressourcen zu haben, mit denen ihr kaufen könnt, was ihr wollt, noch durch äußere Zurschaustellung materiellen Reichtums. Für derlei Stimuli, die diese Dinge euch einmal gewährten, werdet ihr fühllos und taub. Es mag sich sogar so anfühlen, als funktionierte in eurem Leben überhaupt nichts mehr.

Was die Freiheit anbelangt, nach der ihr euch so sehnt, so ist sie tatsächlich ein Symptom für den Hunger der Seele, in einem grenzenlosen Raum zu leben; ein Symptom für eure Sehnsucht, euch leer zu machen, damit ihr euch frei von Ballast erheben und mit neuer Lebendigkeit füllen lassen könnt; oder auch einfach ein Symptom für den Wunsch nach Ausruhen. Wir sehen, wie müde viele von euch sind! Und der Grund dafür liegt darin, daß ihr ein Leben voller Kompromisse leben müßt, eingebunden in Verbindlichkeiten und Überlebenstechniken, die ein Leben in einer dreidimensionalen Welt mit sich bringt. Aber auch Angst begleitet diese Gefühle; Angst vor Veränderung, Angst, was andere über eure Veränderung denken mögen, Angst, Dinge gehen zu lassen, Angst, wie ihr finanziell über die Runden kommen sollt. Ach, könntet ihr doch nur über den Zaun spähen und sehen, wie vollkommen zum Guten sich alles wenden wird – um nichts in der Welt würdet ihr dem Gleiten in ein dimensionales Leben Widerstand leisten.

Wie auch immer eure schlimmsten Befürchtungen aussehen mögen, ihr Lieben – stellt euch vor, sie wären schon eingetroffen. Stellt euch vor, mit ihnen zu leben, und ihr werdet finden, daß das Leben nicht so schlecht ist, wie ihr angenommen habt; daß ihr noch immer lebt und liebt und geliebt werdet. Und wenn ihr euch diesen Ängsten dann gestellt habt, werden sie euer Leben nicht mehr beherrschen.

Frei von Furcht und Bindung an sozialen Status kann sich euer Leben magisch und mystisch entfalten. Mit solch einem Mystizismus kommt auch das Mysterium, denn Gott regt sich auf geheimnisvolle Weise, um Ihre Liebe zu euch zu offenbaren. Dann werdet ihr euch darin üben müssen, das Bedürfnis zu verstehen gehen zu lassen; denn Verständnis, ein Prozess des Kopfes, wird zum Hemmschuh bei der Entdeckung tieferer Mysterien. Diese können nur von einem Herzen offenbart werden, das sich dehnt und weitet, um das Herz Gottes zu umfangen.

Laßt das Leben eure eigene ‚Magical mystery tour‘ werden! Das dimensionale Wesen, das sich selbst ganz als solches erkennt, braucht nicht die Sicherheit, um jeden Preis alles zu wissen. Es braucht nur den Glauben und das Vertrauen, daß alles gut ist. Und solches Vertrauen wird ständig belohnt: die im Leben wirkende Gnade macht das anschaulich.

Wenn das jetzt eure Reise ist, so feiert das und gebt euch hin! Wir passen auf euch auf, während ihr durch diese und alle anderen Veränderungen geht, die unauflöslicher Teil der Reise sind, die eure Seele sich ausgedacht hat. Unser liebevollster Beitrag ist, die schmerzhafteren Teile kein bißchen glattzustreichen, obwohl wir eure Hilferufe nur zu deutlich hören – vielmehr lassen wir euch einfach durch diese wesentliche Vorbereitung gehen. So oft es geht, suchen wir euch daran zu erinnern, daß ihr nicht allein seid, daß eine Absicht in allem liegt. Wenn ihr euch ein bißchen Mühe gebt, hinzuschauen, dann werdet ihr unsere ‚Visitenkarten‘ erkennen, denn es ist nicht unsere Art, uns vor euch verborgen zu halten. Wir können so viele Arten und Weisen nutzen, euch zu erreichen, daß ihr, könntet ihr sie alle sehen, euch wundern würdet über unseren Erfindungsreichtum und ganz bestimmt euren Humor wiederfinden würdet, solltet ihr ihn gerade mal verloren haben. Meine eigene besondere ‚Visitenkarte‘ ist eine weiße Feder, und einige meiner Freunde haben gesehen, wie sie in Notzeiten plötzlich an Orten auftauchte, wo man sie am wenigsten vermutet hätte. Ihr braucht mich nicht um Hilfe zu bitten, bevor ich euch eine Feder gebe; tatsächlich sähe ich es lieber, wenn ihr mich gar nicht um Hilfe bitten, sondern euch in Glauben und Vertrauen gleich an den Höchsten wenden würdet – den Einen, dem wir alle dienen.

Über sich ändernde Umstände

Fallt nicht darauf herein zu glauben, daß sich alle Umstände in eurem Leben ändern müssen, sobald ihr den Pfad des Wachstums eingeschlagen habt.

Das geht so: Ihr seid in einem sehr großen Gebäude, in einem der unteren Stockwerke. Ihr seid den Grundriß dieses Stockwerks müde, und so geht ihr in den Aufzug und drückt einen Knopf. Eine Weile seid ihr nun in einem Raum, der keinerlei Orientierungssinn für Höhe oder Tiefe erlaubt, sondern nur ein vages Gefühl der Bewegung. Dann öffnen sich die Türen und ihr geht hinaus, nur um zu finden, daß alles genauso aussieht wie in dem Stockwerk, das ihr gerade verlassen habt. Das heißt, bis ihr zum Fenster geht! Da seht ihr, daß ihr eine viel bessere Aussicht habt!

Auf dieser neuen Ebene wird euer Blick nicht dazu verleitet, hinunter zu schauen auf die fieberhafte Aktivität, die ihr vorher in allen Einzelheiten sehen konntet, und euer Verhältnis dazu zu betrachten. Auf dieser neuen Ebene könnt ihr euch von alledem besser lösen und statt dessen euren Blick über weitere Landschaften und neue Horizonte schweifen lassen.

Es ist also nicht, ihr Lieben, die Veränderung der Umstände in eurem Leben, die die unmittelbare Lösung bringt – es ist vielmehr die Veränderung eurer Einstellung zu diesen Umständen, so daß ihr eine höhere Sicht von ihnen bekommt und weniger an die Art eurer Rolle dort auf der Ego-Ebene gebunden seid.

So oft höre ich von meinen Freunden die wunderbare Nachricht von ihrem Wunsch, Menschen zu helfen, vielleicht durch die eine oder andere Heiltechnik. Gleichzeitig sind sie unglücklich mit ihrem Arbeitsleben und meinen, wenn sie nur den Job aufgeben und statt dessen Vollzeit-Heiler sein könnten, müßten sie der Erfüllung ihrer Lebensbestimmung näher kommen.

Doch das ist noch nicht der Fall, denn gerade am Arbeitsplatz sind jene, die am meisten von einem Heiler in ihrer Mitte profitieren könnten, der durch seine Anwesenheit die Energie der Arbeitsumgebung heben und ihnen auf diese Weise eine höhere Sicht bieten könnte. Es mag nicht gerade die Arbeit sein, die das Ego zufriedenstellt, denn Zeichen der Anerkennung sind vielleicht selten und dünn gesät, doch ist Anerkennung noch nie ein Motiv gewesen für einen Heiler.

Wenn du zu jenen gehörst, die nach einem Fluchtweg aus ihrem derzeitigen Arbeitsleben suchen, wird dir das Herz wahrscheinlich in die Hose sinken, wenn du diese Worte liest. Ich meine damit aber nicht, daß du dazu verurteilt wirst, lebenslänglich mit solcher Energie zu arbeiten. Denk daran, ich sage nur, daß die Herbeiführung solcher Veränderungen nicht die unmittelbare Lösung ist, denn wenn jeder in jedem Lebensbereich eine Transformationsreise als etwas ansähe, das einen augenblicklichen Fluchtweg böte aus einem bestehenden Arbeitsleben, das nicht so offensichtlich als Dienst erkennbar wäre — dann könnte die Transformation niemals in allen Lebensbereichen stattfinden.

Bedenkt auch, daß ihr vielleicht einer unserer ‚Maulwürfe‘ seid, ein bislang noch geheimer Agent des Lichts, der seine Befehle erwartet, um mit seiner Arbeit zu beginnen. Es gibt nicht einen einzigen Bereich menschlicher Aktivität, der nicht seinen ‚Maulwurf‘ hätte; es gibt nicht eine einzige größere Organisation, politische Partei, Firma, nicht ein einziges größeres Gewerbe, keinen einzigen Arbeitsplatz oder sonstigen Ort, wo nicht einer von Gottes Dienern geduldig oder ihre wahre Identität offenbar werden kann. Nur wenige sind sich der Rolle bewußt, die auf sie wartet, und der größeren Bedeutung, die damit einhergeht. Wie viele andere unter euch haben sie vielleicht einfach ein undefinierbares Gefühl, in diesem Leben eine Aufgabe zu haben, die sie erfüllen müssen, haben die Gewißheit, aus einem bestimmten Grund auf der Erde zu sein.

In euren Geschichtsbüchern findet ihr offensichtliche Beispiele von solchen ‚Schicksal von Männern und Frauen ihrer Zeit‘, auf deren Schultern das Schicksal die Last gelegt hat, den Lauf der Geschichte ein für allemal zu ändern: der geliebte Mahatma Gandhi, der Politiker Churchill, der Führer Mandela und viele andere, weniger gefeierte Persönlichkeiten. Jeder von ihnen kam zu der Rolle, in der ihr sie kennt, nach Jahren der Ungewißheit, auf die schließlich der Trompetenruf des Schicksals folgte.

Die Gesetze, die die Entfaltung des Schicksals dieser Seelen bestimmen, sind für euch dieselben. Ihr könnt den richtigen Zeitpunkt für euer Hervortreten ebensowenig bestimmen, wie der in den unendlichen Sandkörnern der Wüste verborgene Blumensamen entscheiden kann, wann er zur Blüte kommt. Er muß warten, bis der sanfte Regen vom Himmel fällt; dann können er und die zahllosen anderen unsichtbaren Samen auf der Stelle das in ein Feuer aus Farbe und Üppigkeit verwandeln, was zuvor nackt und unfruchtbar war.

Es ist leicht, eure Arbeits- und politische Welt voller Verzweiflung zu empfinden und sie als spirituell so unfruchtbar anzusehen wie die Wüste mit ihrer kargen Vegetation. Doch jetzt wißt ihr, daß es nicht wirklich so ist, denn ihr seid da, und zahllose andere wie ihr auf jeder Ebene von Macht und Autorität, geprägt von der Mission, in jeden Bereich des Lebens Freiheit zu bringen durch Wahrheit. Wir bitten euch nur, in Glauben und Vertrauen auszuharren und auf den richtigen Augenblick zu warten, bis der Himmel sich öffnet und das Licht Christi die Gnade auf euch herabgießt, um eure Wüstenregion in einen Ort der Schönheit zu verwandeln.

Über Ebbe und Flut

Es ist nur menschlich, daß ihr danach strebt, auf jeder Ebene ein Gefühl des Wohlbefindens aufrecht zu erhalten. Und in dem Maße, wie ihr eurer spirituellen Reise mehr und mehr Aufmerksamkeit widmet, hofft und erwartet ihr vielleicht, in einem Zustand des Wohlbefindens zu leben, in dem ihr, wärt ihr eine kleine Katze, unaufhörlich schnurren würdet.

Doch das Wohlgefühl, von dem viele von euch glauben, es spiegele wieder, daß man an einem besonderen Punkt angekommen sei, ist normalerweise eine ziemlich oberflächliche Empfindung, die unweigerlich vorübergeht, und dann fühlt ihr euch entäuscht oder so, als hättet ihr etwas nicht geschafft, weil ihr euch wieder mit den harscheren Lebenswirklichkeiten konfrontiert seht. Das Gefühl inneren Friedens und zunehmender Kraft wird von den nur allzu bekannten Gefühlen des Getrenntseins und der Sehnsucht verdrängt. Eure Dankgebete verwandeln sich wieder in ein Flehen um Hilfe und Führung.

Die Lösung, ihr Lieben, lautet, solchen Gefühlen nicht zu viel Gewicht beizumessen. Sie fluten wie die Gezeiten des Oceans über euch herein und ebben wieder ab, ohne daß ihr sie kontrollieren könntet. Und wie der Ocean hat die Oberfläche viele Stimmungen, von äußerster Ruhe bis zu wütenden Stürmen. Aber ihr braucht nur ein kleines Stück unter die Oberfläche zu gehen, um einen gleichbleibenden Ort des Friedens und der Ruhe zu finden. Es ist also eure Aufgabe, hinter all die wechselvollen Stimmungen zu gehen und jenen Ort der Stille zu finden, der eure Verbindung mit der Quelle darstellt. Euer Glaube an eure Quelle muß auf dieser Erfahrung der Beständigkeit gründen, nicht auf jenen flüchtigen Zeiträumen der Wonne, die sich hin und wieder als Ergebnis eurer spirituellen Übungen einstellen.

Natürlich gibt es jene besonderen Augenblicke der Verbundenheit, die völlig unverhofft und aus heiterem Himmel kommen. Sie können nicht durch irgendeine spirituelle Übung hergestellt werden. Diese Gefühle, plötzlich in einen Energiewirbel hinauf geschleudert zu werden, in dem die Zeit still steht und ihr den Eindruck habt, als wäret ihr wie ein Ballon aufgepumpt worden, kommen durch Gnade zu euch; und was in euch hineingepumpt wird, ist Liebe. Zu solchen Zeiten erlebt ihr mit Sicherheit, wie eure Schwingung ständig höher gehoben wird, und das bereitet euch auf etwas vor. Ich sage absichtlich nicht, was, weil ich nicht möchte, daß ihr dann an diesem Ergebnis klebt und euch darauf versteift. Genausowenig möchte ich, daß ihr an der euphorischen Empfindung selbst klebt und wollt, daß sie ewig dauert. Seid einfach dankbar, daß ihr sie habt, und laßt sie auch wieder gehen.

Wir wollen hier aber noch einen Augenblick bei Ebbe und Flut der bewußten Zustände bleiben. Bei Ebbe habt ihr Gelegenheit dazu, den spirituellen und psychologischen Strand ein bißchen zu fegen. Was für Strand- und Treibgut aus ungelöstem Schmerz ist durch die zurückweichende Flut sichtbar geworden? Oder welche Schätze an tieferer Einsicht? Nutzt diese Zeit gut, denn die Flut kommt bestimmt wieder, und dann sind diese Reichtümer verloren in der Euphorie der Fülle, die ihr dann wieder erlebt.

Derweil weiß der Seemann draußen auf dem Meer, daß er nicht immer in der Flaute bleiben kann. Er braucht Wind, der ihn seiner Bestimmung näher bringt. Und wenn der Sturm wütet, wird er sich an das kleine Boot erinnern, das einst auf dem See Genezareth hin und her geworfen wurde, während Jesus friedlich in seinem Bug schlief.

Über das Feiern

Feiern! Mein Lieblingswort.

Findet jeden Tag etwas zu feiern! Gleichgültig, wie klein es sein mag. Könnt ihr in eurem eigenen Leben nichts finden, so findet ihr vielleicht etwas im Leben eines euch nahestehenden Menschen, was ihr feiern könnt. Und ihr werdet feststellen: Je mehr ihr feiert, desto mehr Gründe werdet ihr finden zu feiern – bis das ganze Leben eine Feier wird.

Feiert, indem ihr eine Kerze anzündet, mit einem Gebet des Dankes und des Lobes auf euren Lippen.

Feiert, indem ihr euch selbst verwöhnt.

Feiert, indem ihr jemand anderen verwöhnt.

Feiert, indem ihr nach innen geht, um der Quelle all der Freude zu begegnen, die in eurem Herzen wohnt.

Außerdem gibt es keinen besseren Weg, meine Anwesenheit bei euch zu gewährleisten, als zu feiern. Ich lasse nie ein Fest aus!

Bandenmitglieder gesucht

Ich habe eine Regel für jeden, der eventuell daran interessiert ist, meiner Bande beizutreten, und die lautet: SCHIMPFT NIE MIT EUCH!

Ihr schimpft nicht mit einer Rosenknospe, nur weil sie noch nicht voll erblüht ist. Ihr wißt, daß sie sich öffnen wird, wenn die Sonne sie weiter mit ihrer Wärme bescheint.

Ihr schimpft nicht mit dem Finger, wenn ihr euch schneidet und er blutet. Statt dessen reinigt ihr die Wunde und verbindet sie, und ihr schützt sie. Und dann nehmt ihr das Pflaster ab und setzt die Wunde Licht und Luft aus, damit er vollständig heilt. Ihr liebt den Finger!

Also, warum mit euch selbst schimpfen, nur weil euer Potential, als Christuswesen zu leben, noch nicht voll verwirklicht ist und ihr mitunter aus eurer Verletztheit heraus handelt.

Wir wissen sehr wohl, daß ihr, deren innere Vision auf die Einheit mit Gott ausgerichtet ist, bewußt das Licht dazu einladet, auf euch herabzuscheinen, und daß ihr sehr daran arbeitet, eure Wunden zu heilen.

Wir beurteilen euch nicht oder sagen unter uns: „Ts, ts, so ein unartiges Kind", wenn ihr manchmal auf eine Weise handelt, die nicht in Einklang steht mit dem Höchsten in euch. Ebensowenig dürft ihr euch selbst verurteilen. Zeigt lieber unendlich viel Vergebung und Mitgefühl für euch selbst, wie ihr das auch gegenüber anderen anstrebt.

Und denkt daran: Wenn ihr diese Einheit erreicht, so lieben wir euch darum keinen Deut mehr als jetzt – wir können euch nicht mehr lieben, als wir das jetzt schon tun!

Ihr Lieben, nehmt euch selbst an als die Vollkommenen, die ihr jetzt seid, mitsamt all dem, was ihr gern ändern würdet. Akzeptiert euer Leben als etwas, das zur Zeit nicht besser sein könnte. Die Vollkommenheit als eure derzeitige Wahrheit und als derzeitige Wahrheit eures Lebens zu akzeptieren, bedeutet den Weg ohne Widerstand. Wenn ihr mit euch selbst oder eurem Leben schimpft, zieht sich euer Herz automatisch zusammen, und so schafft ihr einen Widerstand gegen den Fluß der Liebe, den Fluß des Lebens.

Sagt euch einfach als Affirmation „Ich bin jetzt vollkommen", und das wird eure Schwingung über das Niveau hinaus heben, auf dem ihr gerade seid – weil es wahr ist! Wenn ihr mit euch schimpft und eure Unvollkommenheit und ‚Sündhaftigkeit' bestätigt, wird das lediglich dazu dienen, euch in einem Lebensmuster von Aufs und Abs gefangenzuhalten, euch fort-während die erlösende Kraft Bedingungsloser Göttlicher Liebe aus eurem Leben heraus haltet. „Und ich werde alle Menschen zu mir erheben!" Das ‚Ich', der Christus, das Vollkommene in euch, wird euch zur Einheit emporheben.

Also bitte, kommt und tretet meiner Bande bei!

Über Geduld

Ich frage mich, wie oft man euch in eurem Leben gesagt hat, ihr sollt geduldig sein!

Wenn ich sage, ihr sollt geduldig sein, so meine ich damit nicht, ihr sollt euch in die Ecke stellen und Däumchen drehen und darauf warten, daß etwas passiert.

Geduldig zu sein bedeutet, im Jetzt zu sein, in dem Wissen, daß jetzt alles bestens ist, genau so, wie es ist.

Geduldig zu sein bedeutet zu tun, was immer ihr gerade zu tun habt, und zwar mit Bewußtsein und Liebe, selbst wenn das heißt, Kartoffeln zu schälen oder das Chaos aufzuräumen, das eure Kinder hinterlassen haben.

Ungeduld ist das Gegenteil von ‚Mitdulden‘ oder Mitfühlen. Wenn ihr mir jemandem ungeduldig seid, habt ihr kein Mitgefühl mit ihm.

Denkt an all die Zeiten, die ihr in der Freude verbracht und dann festgestellt habt: „Wie doch die Zeit verfliegt, wenn man sich freut!" Richtig. Wenn ihr euch freut, seid ihr so vertieft in das, was ihr tut, daß Vergangenheit und Zukunft nicht mehr existieren. Es gibt nur noch das Jetzt.

Also vergeht Zeit nicht nur schneller, wenn ihr im Jetzt seid, und läßt damit, was ihr ungeduldig erwartet, viel schneller eintreffen – im Jetzt zu sein bedeutet auch einen Zustand der Freude.

Bis ihr das beherrscht, seid geduldig mit euch!

Ihr Lieben, ich sehe, wie so viele von euch mit ihren Bemühungen zu meditieren kämpfen. Vielleicht kommt das daher, daß ihr so viel von euch selbst erwartet, oder weil ihr besorgt seid, daß ihr vielleicht die falsche Methode anwendet. Vielleicht vergleicht ihr eure Erfahrung mit der anderer Menschen und kommt so zu dem Schluß, daß ihr es falsch macht oder nicht gut darin seid. Vielleicht hat eure Seele aus früheren Leben schlechte Erinnerungen daran. Vielleicht habt ihr so viel meditiert in der Geschichte eurer Seele, daß es in eurem jetzigen Leben einfach nicht angebracht ist. Wie auch immer – ihr braucht euch nicht schlecht oder schuldig oder minderwertig zu fühlen, weil ihr nicht meditieren könnt.

Euer Ziel ist nicht, zwei Stunden am Tag meditieren zu können, wie manche meinen. Euer Ziel ist, euer ganzes Leben zu einer Meditation zu machen. Das bedeutet, fähig zu sein, jegliche Erfahrung zu durchleben, die das Alltagsleben mit sich bringt, und dabei doch nicht die Verbindung mit jenem Ort der Stille zu verlieren. Genau so verhält es sich mit dem Gebet: Wenn ihr meint, beten sei etwas, was ihr jeden Abend ein paar Minuten vor dem Zubettgehen tut – wie könnt ihr da aus eurem Leben ein Gebet machen!

Wißt ihr, nicht meditieren zu können, ist nichts Schlimmes. Viele große Seelen haben es auf ihrem Weg weit gebracht ohne diese Übung. Statt dessen haben sie sich an anderen Aktivitäten erfreut, wie kontemplieren, oder ein Japa machen oder ein Mantra sagen, oder einfach indem sie ihren Nachbarn lieben.

Wenn ihr es schwierig findet, euren Kopf von Gedanken zu leeren (was Meditation ist), findet ihr es vielleicht leichter, euren Kopf mit Gedanken zu füllen – allerdings nicht einfach mit irgendwelchen alten Gedanken! Kontemplieren ist eine Erfahrung des Nach-Innen-Gehens, wie die Meditation auch, jedoch mit einem Gedanken. Es ist wie Tagträumen – und darin, da bin ich sicher, sind viele von euch sehr gut – nur mit einem Zentrum. Ihr braucht dazu nicht die Augen zu schließen oder in einer unbequemen Position zu sitzen. Ihr könnt währenddessen sogar etwas anderes machen, solange dieses andere nur ganz wenig Konzentration braucht.

Vielleicht wollt ihr über etwas kontemplieren oder nachdenken – was dasselbe ist –, das ihr gerade in einem eurer spirituellen Bücher gelesen habt, und so fangt ihr an, über etwas nachzusinnen, das eine Saite in euch zum Klingen gebracht hat. Und da beginnen eure Gedanken zu driften, nicht ziellos, sondern entlang einer zusammenhängenden Gedankenkette. Diese Gedanken kommen, während ihr euer Höheres Selbst ruft oder sogar eure Führer, die eure Offenheit dazu nutzen, euch zu einem tieferen Verständnis oder einer besseren Erkenntnis des Gelesenen zu führen. Während dies geschieht, fühlt ihr vielleicht euer Herz weiter werden und Energie in euren Körper strömen, und derweil sinkt die neue Einsicht tiefer in euer Bewußtsein.

Vielleicht kontempliert ihr lieber die Schönheit eines Sonnenuntergangs oder ein Blatt oder ein kleines Insekt, das euch über die Hand krabbelt, und alles spiegelt die Wahrheit von der Vollkommenheit überall wider. Meine Themenwahl für eure Kontemplation wäre eure eigene Einheit mit Gott, und so gesehen eure Vollkommenheit.

Und wenn das schwierig klingt, ihr Lieben, versucht es doch mit dem Japa, wie unsere hinduistischen Freunde es machen. Das einzige, was ihr hierbei zu tun braucht, ist, den Lieblingsnamen eurer Lieblingsverkörperung des Göttlichen zu wählen und ihn wieder und wieder zu sagen. Vielleicht wählt ihr Jesus oder Mohammed oder die Heilige Mutter oder euren Lieblingsheiligen. Wenn ihr den Namen immer wieder sagt, zieht ihr die entsprechende Energie auf euch, und nach einer Weile werdet ihr ein warmes Leuchten in eurem Herzen spüren, genau wie beim

Kontemplieren. Denkt an die Zeiten, in denen ihr verliebt wart und wie ihr euch gefühlt habt, wenn ihr an euren Liebsten oder eure Liebste dachtet. Japa zu machen, kann auf dieselbe Weise das Herz öffnen für die Liebe eines dieser großen Meister, und er kann eure Liebe erwidern.

Und wenn das alles nicht klappt, ihr Lieben, dann macht das auch nichts. Es gibt keine Beurteilung. Wir kennen euch. Gott sieht tiefer in die Herzen als jeder Mensch, und er findet dort Schätze, die jenseits eurer kühnsten Vorstellungen liegen. Macht es einfach so gut ihr könnt. Denkt daran, ihr seid vollkommen, so wie ihr gerade seid.

48

Ein Liebesfest feiern

Liebe Freunde, die ihr dem Pfad der Selbstheilung und dem Dienst an der Welt folgt – ihr braucht einander!

Ich kann gar nicht genug betonen, wie sehr ihr Kameradschaft untereinander braucht und das Teilen eurer tiefsten und höchsten Absichten. Zu viele von euch ziehen sich zurück aus Angst, Energie zu verlieren, oder weil ihr von denen, mit denen ihr euch zusammentut, Vollkommenheit erwartet.

Kommt oft zusammen, wie es die ersten Jünger taten, um das Brot zu brechen und den Wein zu trinken. Trefft euch in eurem ‚upper room‘, wo ihr eins seid mit eurem höheren Geist und Herzen, und veranstaltet dort zusammen mit euren Freunden ein Fest der Liebe.

Eure gemeinsame Jüngerschaft soll Sinn und Zweck eures Kontaktes sein, so daß ihr eine gemeinsame Sprache sprecht: die Sprache des Herzens. Laßt euch nicht in den Keller des Geistes herunterziehen durch Klatsch und müßiges Gerede über Dritte, die nicht anwesend sind.

Laßt eure gemeinsame Jüngerschaft sich ausdrücken in Lachen und Spaß oder auch in der ernsthaften Arbeit, Licht auszusenden; denn für jemanden, der die Wahrheit kennt, ist eine fröhliche Gelassenheit das unerläßliche Merkmal. Könnt ihr euch vorstellen, daß man sich mit Jesus langweilen könnte?

Laßt den Geist eurer Zusammenkünfte getragen sein vom Feiern. Laßt alles dieser einen Energie entspringen: das Feiern, daß ihr zusammen seid, das Feiern eurer Fortschritte seit eurem letzten Treffen, das Feiern der Schönheit des Vogellieds, das ihr an diesem Tag gehört habt, der ersten Rose, die in eurem Garten aufgegangen ist, einer geheilten Beziehung – es gibt unendlich viele Möglichkeiten.

Mit so viel Zelebrieren könnt ihr von eurem ‚upper room‘ aus hinaufsteigen aufs Penthouse eures Bewußtseins. Mit so viel

Feiern wird euer Herz beinahe platzen vor Freude und Dankbarkeit. Tut euch in diesem Geiste bewußt zusammen, denn was für einen besseren Geist könnte es geben, um das Licht auszusenden, als den von Lob und Dankbarkeit! Verbindet euch bewußt mit allen anderen Gruppen, die sich in diesem Augenblick in demselben Geist treffen. Vergeßt nicht, daß eure geteilte Jüngerschaft jene Führer und Engel mit einbezieht, die von der Welt des Lichts aus mit euch zusammenarbeiten. Heißt sie ebenfalls in eurer Mitte willkommen und wißt, daß ihr, die ihr derzeit in einem physischen Körper steckt, bei weitem in der Minderheit seid gegenüber denen, die ohne Körper da sind.

Und wenn ihr Licht aussendet, dann setzt keine Grenzen, wie weit das Licht gehen kann, denn Zeit und Raum sind hier kein Thema. Aber vergeßt auch nicht eure unmittelbare Umgebung und die Gemeinschaft, in der ihr lebt: eure Anwesenheit kann viel dazu beitragen, auch dort Heilung und gute Nachbarschaft zu bringen. Liebt euren Nachbarn! Setzt auch eurem Glauben, das Licht alles vollbringen kann, keine Grenzen. Seid bereit zu riskieren, daß sich als Ergebnis eurer heiligen Absicht ein Wunder ereignet. Das kann euch nur einen weiteren Grund zum Feiern geben!

Wenn ihr die Namen derer aussprecht, die ihr kennt und denen ihr Heilung schickt, so seht sie bereits als geheilt an, als strahlend glücklich, angefüllt mit dem Licht göttlicher Liebe. Ihr könnt auch ganzen Nationen Licht senden oder Gegenden, in denen es Konflikte und menschliches Leiden gibt. Und dann vergeßt euren lieben Planeten Erde nicht. Seht vor eurem geistigen Auge alles als in diesem Augenblick geheilt und vollkommen an! Verringert nicht die Macht des Lichts, indem ihr denkt, das, was ihr tut, sei nur ein Tropfen im unendlichen Ozean; der Ozean ist aus Tropfen gemacht.

Ich schlage vor, ihr schreibt die Namen aller, denen ihr das Licht der Heilung senden wollt, in ein Buch. Und dann zündet ihr jeden Tag neben dem Buch eine Kerze an und sprecht eine Widmung. Ihr könnt das Buch in eurem Kreis reihum wandern lassen.

Und noch ein letztes, ihr Lieben! Als Jesus, euer geliebter Meister, euch sagte, daß er, wo zwei oder drei sich in seinem Namen versammeln, mitten unter ihnen sei – da meinte er das genau so!

Jetzt geht und genießt das Leben!

Ich sehe, wie viele von euch enttäuscht sind, weil ihre Affirmationen nicht funktionieren, besonders wenn sie dazu benutzen wollen, etwas zu sich heranzuziehen.

Der Grund dafür liegt oft darin, daß eure Affirmationen nicht die Wahrheit enthalten, und dann werden eure Bemühungen von mächtigen unbewußten Glaubenssätzen vereitelt.

Wenn ihr zum Beispiel affirmiert: „Alles Geld, das ich brauche, kommt jetzt zu mir", gibt eine kleine Stimme in eurem Innern, ein Saboteur, bestimmt gleich Contra: „Ach ja? Beweise das mal!" Wenn ihr aber statt dessen einfach affirmieren würdet: „Ich bin eins mit dem Überfluß, und so wird für alle meine Bedürfnisse jetzt gesorgt", dann könnte euer Saboteur überhaupt nichts ausrichten, weil das die Wahrheit ist, und was ihr euch wünscht, kann leichter zu euch kommen.

Wahrheit, wie ich sie hier meine, sind die Göttlichen Gesetze, wie das Gesetz der Anziehung, das Gesetz vom Überfluß, das Gesetz der Kompensation (das viele Menschen vergessen), das Gesetz von Ursache und Wirkung. Normalerweise arbeiten sie Hand in Hand.

Das Gesetz der Anziehung ist klar in seiner Bedeutung. Gleiches zieht Gleiches an, aber Ungleiches stößt auch Ungleiches ab. Vergeßt diesen letzten Teil nicht! Wenn ihr also einen Partner affirmieren wollt, dann rate ich euch, eine „Einkaufsliste" anzufertigen mit all den Eigenschaften, die ihr euch an ihm wünscht, und wenn ihr auf dieser Liste irgend etwas findet, das ihr selbst noch nicht habt, dann macht es euch zu eigen. Eure Affirmation muß dann mit den Worten beginnen: „Ich bin eins mit dem Gesetz der Anziehung ...."

Dieses Gesetz kann auch auf folgende Weise erklärt werden. Ihr habt ein Sprichwort „Geld macht Geld", weil es so aussieht, als hätten reiche Leute kein Problem, noch mehr Geld anzuziehen.

Es ist nun aber nicht so, daß reiche Leute besser investieren können als ein ärmerer Mensch, sondern daß ihr Bewußtsein von Überfluß noch mehr Überfluß anziehen kann, da sie ihn ja schon haben. Möglicherweise ziehen sie eine Menge finanziellen Überfluß zu sich heran, sind aber einsam und führen ein Leben ohne Liebe. Jemand mit viel Liebe in sich wird viel Liebe auf sich ziehen.

Das Gesetz vom Überfluß besagt, daß es nirgendwo im Universum auch nur irgendeinen Mangel an irgend etwas gibt. Vielleicht habt ihr euer Konto bei der Geschäftsbank überzogen; in der Kosmischen Bank aber habt ihr unbegrenzten Kredit... ganz ohne Zinsen. Bei ihr könnt ihr so viel abheben, wie ihr wollt, wenn ihr nur glauben könnt, daß es, egal wie eure Situation gerade aussieht, immer einen Weg gibt, wie eure Bedürfnisse erfüllt werden können. Ihr müßt das nur zulassen.

Aber vergeßt nicht, ihr Lieben, Überfluß ist ein Seinszustand, nicht ein Habenzustand. Es gibt solche, die haben alles, fühlen sich aber arm, und es gibt andere, die haben nichts und fühlen sich reich. Ehe ihr affirmiert, was ihr von diesem Gesetz wollt, macht euch klar, daß ihr letzten Endes nach etwas fragt, was ihr wirklich braucht und damit nicht ein Gefühl innerer Verarmung unterstützt.

Das Gesetz der Kompensation besagt, daß ihr, wenn ihr – aus welchen Gründen auch immer – aufgerufen seid, etwas oder jemanden aus eurem Leben gehen zu lassen, dafür immer etwas von größerem Wert erhalten werdet – wenn das wirklich euer Glaube ist. Wenn nicht, dann merkt ihr vielleicht, wie ihr auf einer Spirale nach unten gezogen werdet in eine Einstellung von Selbstmitleid oder Opferbewußtsein.

Von vielen von euch wird zur Zeit verlangt, eine Menge aufzu-geben – deshalb wollen wir euch an dieses Gesetz erinnern. Es mag schon sein, daß der Ersatz nicht auf der Stelle kommt, denn um für etwas Größeres offen zu sein, muß man ein Stück wach-sen. Und vielleicht hat das, was zu euch zurückkommt, eine andere Form als das, was ihr gehen lassen mußtet – aber es wird immer etwas sein, das euer inneres Leben bereichert. Solltet ihr Geld verlieren, so könnte die Kompensation in einem neuen Verständnis liegen für den wahren Überfluß, so daß ihr ein gesundes Verhältnis zum Geld entwickeln könnt. Sollter ihr eine Beziehung verlieren, so besteht die Kompensation vielleicht in der Führung, die ihr empfangt und die euch die Wurzeln eines alten Musters in bezug auf den Verlust von Beziehungen aufzeigt, so daß das Gesetz der Anziehung auf euch Anwendung finden kann und euch bringt, was euer Herz sich wünscht.

Seid immerzu bereit, alles gehen zu lassen, denn das ist die Natur eurer Seelenreise. Auf diese Weise zu wachsen heißt nicht Addition, es heißt Subtraktion; das bedeutet, alles auf seine reinste Essenz zu beschränken. Ich muß aber hinzufügen, daß wir euch bitten, nichts zu opfern – außer vielleicht das Opfer selbst. Es gibt keine spirituellen Rosinen im Opferkuchen der frommen Absicht; aber durch euren Glauben an das Gesetz der Kompensation werdet ihr unermeßlich wachsen und Wunder über Wunder erleben. Die Affirmation für dieses Gesetz besteht nur darin, daß ihr, wenn ihr seht, wie etwas euer Leben verläßt, in Herz und Sinn anerkennt, daß ihr eins damit seid und daß ihr dem Pfad ohne Widerstand folgt.

Aber, ihr Lieben, es muß gesagt werden, daß ihr, wenn ihr etwas affirmiert, was ihr gerade entbehrt – nicht nur physische und materielle Dinge, sondern sogar einen Bewußtseinszustand – damit zeigt, daß ihr noch euren grundsätzlichen Glauben an die Getrenntheit von Gott, eurer Quelle, heilen müßt. Damit fangt an, und alles andere wird euch dazugegeben werden, ohne daß ihr je Affirmationen dazu benötigt. Dann ist Mangel nicht Mangel, ist Alleinsein nicht Alleinsein. Statt dessen findet ihr Gnade in jedem Winkel eures Lebens. Ihr werdet den Glauben haben, alles Gott zu überlassen; ihr werdet nur Dankbarkeit kennen, und im Gebet werdet ihr sagen wollen, was euch dann so leicht über die Lippen kommt: „Dein Wille geschehe!"

Über vergangene Leben

Wie kommt es, daß wir uns inkarnieren und uns nicht an unsere früheren Leben erinnern können?

Das hat zwei wesentliche Gründe. Zum einen aus demselben Grund, aus dem ihr nicht in eine Prüfung gehen würdet und die Antworten schon auf die Hände geschrieben hättet. Das wäre gemogelt. Könntet ihr euch an euer letztes Leben erinnern, dann würdet ihr schon im voraus wissen, welche besonderen Lektionen ihr in diesem Leben zu lernen habt – wo wäre dann das Lernen, und wo wäre die Notwendigkeit zu glauben?

Der zweite Grund ist der, daß die meisten von euch es schon schwer genug haben, im Jetzt zu leben und auch nur die schmerzhaften Erfahrungen des derzeitigen Lebens zu integrieren. Wie könntet ihr das schaffen, wenn ihr die Erinnerung an fünfzig oder hundert Leben integrieren müßtet? Ich denke, ein paar von euch, die zu Überempfindlichkeit neigen, haben es unter Umständen besonders schwer. Ein wesentlicher Teil eurer Evolution bestand darin, so ungefähr alles zu erfahren, was das menschliche Leben euch aufhalsen kann. Könntet ihr euch an das Leben erinnern, in dem ihr ein mächtiger und reicher Herrscher wart, würdet ihr vielleicht im Glanze dieser Erinnerung baden. Könntet ihr euch an die Male erinnern, in denen ihr auf dem Scheiterhaufen verbrannt oder in Öl gekocht wurdet, dann hättet ihr das perfekte Rezept für Alpträume. Kommt es rüber, was ich sagen will? Und wißt ihr, ihr müßt eurer Seele zugutehalten, daß sie einen gewissen Grad an Weisheit besitzt, wenn sie euch durch ein derzeitiges Leben führt, das alle Rohmaterialien aufweist, die ihr jetzt zu eurer Evolution braucht. Erkennt diesen Teil in euch an als die perfekte Wahl, die ihr getroffen habt, jetzt in eurem Leben zu sein.

Empfiehlst du Rückführungen in vergangene Leben als ein Mittel, Probleme in diesem Leben zu heilen?

Nein. Ich hoffe, das klingt nicht nach Spielverderber, denn ich weiß durchaus, wie gern ihr euch aufmacht zu euren Ausflügen in frühere Jahrhunderte, oder wie gern ihr in solch trüber und ferner Vergangenheit eine Erklärung zu fischen hofft für euer jetziges Leiden. Ich weiß auch, daß es für viele von euch hilfreich war, Tatsachen über eure vergangenen Leben aufzuspüren.

Aber denkt daran, ihr Lieben, für die meisten von euch, die an Reinkarnation glauben, ist dies ein neuer Glaube, nicht einer, mit dem ihr geboren wurdet; und erst jetzt, da ihr mit den auferlegten Glaubenssystemen eurer Kindheit gebrochen habt, habt ihr Reinkarnation als Realität akzeptiert. Weiterhin müßt ihr wissen, daß der Glaube an Reinkarnation von etlichen Millionen Menschen auf der Erde geteilt wird. Wahrscheinlich sind sie weitaus in der Überzahl gegenüber denen, die nicht daran glauben. Für die Mehrheit dieser Glaubensanhänger jedoch bedeutet dieser Glaube nicht das Aufkommen einer Neugier darüber, was sich in jenen früheren Leben abgespielt hat. Mit dem darin eingebetteten Glauben an göttliche Gerechtigkeit bedeutet er für sie lediglich einen Weg, die Bedingungen ihres gegenwärtigen Lebens anzunehmen. Daher ist es ein Weg, friedlicher im Jetzt zu leben, ohne die Einzelheiten zu kennen.

Ihr könntet diese Philosophie teilen, machte nicht die Idee des ‚Opfers‘ einen so großen Teil eures ererbten Glaubenssystems aus. Ein wahrhaft hingegebener Buddhist sieht sich nicht als unschuldiges Opfer, genausowenig würde er wissen wollen, welches Karma ihn in seine gegenwärtige Lage gebracht hat. Er würde einfach alles akzeptieren und sich viel Mühe geben, besser zu leben. Eine Rückführung in ein vergangenes Leben zu machen, um herauszufinden, warum etwas in diesem Leben falsch läuft, heißt daher, euer jetziges Leben im Sinne von richtig und falsch, gut oder schlecht zu beurteilen und die Tatsache zu übersehen, daß eure Seelenweisheit darauf geachtet hat, euch für dieses Leben Bedingungen zu gewährleisten, die euch alle Rohmaterialien zu eurem diesmaligen Wachstum liefern. Es wäre ein gemeiner Zwang der Seele, blockierende Umstände zu erschaffen, die nur durch eine Rückführung beseitigt werden könnten. Keine Blockade auf eurem Weg ist so stark, daß sie nicht durch Glauben und Hingabe aufgehoben werden könnte. Vertraut auch auf das Gesetz der Anziehung und die Rolle, die eure Führer darin spielen, um euch in Kontakt mit jenen zu bringen, die euch ganz leicht von allen Wunden in diesem oder irgendeinem anderen Leben heilen können.

Ich würde auch sagen, es gibt keine wirklich hundertprozentige Methode, sich an vergangene Leben zu erinnern oder in sie einzutreten, die jegliches Risiko unbewußter Einmischung des Betreffenden ausschließt. Ist das Motiv für die Rückführung Neugierde, so liefert dies einen fruchtbaren Boden dafür, daß die Einbildungskraft außer Rand und Band gerät, und was dann für ein vergangenes Leben gehalten wird, ist schlicht die bebilderte Darstellung eines unbewußten Zustandes.

Ihr wärt viel besser beraten, euren inneren Gefühlen darüber zu trauen, wo und wann ihr vielleicht in der Vergangenheit gelebt habt. Vertraut auf die Gefühle der Anziehung oder Abstoßung gewisser Orte. Ebenso vertraut den Gefühlen der Verwandtschaft mit Menschen in eurem Leben, selbst wenn eure Hingezogenheit zu ihnen schwächer wird oder sie euch verletzen, denn niemand kommt jetzt in euer Leben und spielt darin eine wichtige Rolle, der nicht ein alter Freund ist. Freut euch an diesem Leben und seht es als eines an, das viele Zusammentreffen von Mitreisenden durch alle Zeitalter gesehen hat und noch mehr sehen wird – erneute Zusammentreffen von Mitgliedern eures Seelenstammes, denen ihr unendlich dankbar sein könnt für den Beitrag, den sie dazu geleistet haben, euch auf euren gegenwärtigen Evolutionsstand zu bringen.

Hört sich das nicht nach einem guten Grund an, ein weiteres Fest zu feiern? – In meinen Ohren ja!

Von all den Worten, die mit den Glaubenssätzen der New-Age-Bewegung in euren Wortschatz gewandert sind, ist ‚Karma‘ mit Sicherheit jenes, das am häufigsten mißverstanden und mißbraucht wird.

Nachdem ihr zu Recht die orthodoxe christliche Lehre abgelehnt habt, die euch kontrollieren will, indem sie euch zu ‚Sündern‘ stempelt, haben viele von euch stattdessen den Begriff Karma als Entschuldigung dafür gewählt, warum ihr nicht im Besitz des euch innewohnenden Christusbewußtseins seid. Nicht genug damit, liefert euch eure Bereitschaft, an das Karma anderer zu glauben, auch eine perfekte Entschuldigung, keine Anstrengung zu unternehmen, auf ihr Leid mit Mitgefühl zu reagieren. „Das ist sein Karma“, sagt ihr dann womöglich, wenn ihr von den Schwierigkeiten eines anderen hört. Seht ihr denn nicht, daß ihr mit solch einer herzlosen Reaktion nur schlechtes Karma für euch selbst schafft, während eine mitfühlende Reaktion jegliches Karma auslöscht, das ihr möglicherweise habt?

Ihr Lieben, ich muß euch vor solchen oberflächlichen Theorien warnen, die annehmen, daß jedes Ereignis im Leben eines Menschen aus seinem Karma heraus entsteht. Wenn ich das Leid meiner Freunde auf der Erde beobachte, ist nur in seltenen Fällen Karma die Ursache. Viel häufiger gibt es dieses Leiden als Symptom für die Absicht der Seele, in Mitgefühl zu leben und eine demütige Rolle zu spielen, indem sie Liebe und Heilung in eure Welt bringt.

Diejenigen von euch, die aus der christlichen Tradition kommen, werden nur allzu vertraut sein mit dem Lehrsatz „Richtet nicht, auf daß ihr nicht gerichtet werdet“. Andere sind vielleicht vertraut mit der Weisheit des Indianers, der statt dessen sagen würde: „Möge ich keinen Menschen richten, ehe ich nicht zwei Monde lang in seinen Mokassins gelaufen bin.“ Das würde ich im Zusammenhang mit Karma gern weiter ausführen.

Hättet ihr das Privileg, in den Mokassins eines anderen Menschen herumzulaufen, mit anderen Worten, euch in sein Wesen hineinzuversetzen, so würdet ihr eine ganze Menge über ihn herausfinden. Ihr würdet merken, welche Umstände sein Leben geformt haben. Ihr würdet seine Ängste fühlen, ihr würdet seine tiefsten und höchsten Wünsche kennenlernen; ihr würdet seine Schuld und Schande fühlen; ihr würdet erfahren, wie viel, oder wie wenig, Liebe es in seinem Leben gegeben hat; ihr würdet von dem Leid wissen, das er insgeheim aushielt, wofür die Welt ihm niemals Anerkennung zollte, und von dem Mut, mit dem er seiner Not ins Auge blickte. Ihr wüßtet wohl um all die kleinen Liebesbeweise erbrachter Freundlichkeit – auch hier wieder, ohne daß irgend jemand sonst um sie wüßte. Ihr wüßtet vielleicht sogar etwas von seinen vergangenen Leben. Und wenn er euch kennen würde, so könntet ihr euch selbst durch die Augen eines anderen sehen, was sehr schockierend und demütigend sein kann. Denkt daran, ihr Lieben, und versucht euch vorzustellen, das mit den Menschen zu machen, denen gegenüber ihr widerstreitende Gefühle habt oder deren Leid ihr früher mit dem Satz abgetan habt, es sei halt ihr Karma. Tut das, bis ihr spürt, wie euer Herz sich in Liebe und Anerkennung ausweitet und ihr merkt, daß nun ein erstes Verständnis für dieses vollkommene Gesetz in euch dämmert.

Ich bin mir sicher, daß ihr in den meisten Fällen sehr glücklich wärt, nach zwei Monden wieder in eure eigenen Schuhe zu schlüpfen, und daß ihr anschließend viel mehr Mitgefühl mit euch selbst hättet. Ich würde auch darum beten, daß ihr mit einer zusätzlichen neuen Eigenschaft in eure eigenen Schuhe zurückkehrt, nämlich mit Demut, die zusammen mit Mitgefühl und Freundlichkeit den Grundstock für eure Spiritualität legt.

Und solltet ihr finden, daß ihr nur widerstrebend in eure eigenen Schuhe zurückkehrt, dann betet um den Mut, die Lektionen auszuhalten und zu lernen, die die Lebensumstände euch gebracht haben. Denkt daran, alles im Leben ist für euch. Nichts ist gegen euch.

Natürlich ist Karma, das Gesetz von Säen und Ernten, eine unvermeidliche Lebenstatsache, doch kommen viele von euch, die sich jetzt für einen Besuch auf der Erde entschieden haben, mit einer sauberen Weste an, oder zumindest mit dem Karma auf Sparflamme. Ihr seid im Körper anwesend, weil ihr euch ausgesucht habt, zu kommen und ausschließlich zu dienen. Ihr könnt euch gar nicht vorstellen, wie herrlich süß mir diese Worte schmecken: ›Ich möchte anderen Menschen helfen.‹

Wenn sich die Gelegenheit, anderen zu dienen, noch nicht ergeben hat, dann könnte es sein, daß ihr einer von denen seid, deren Leben sich in zwei Teile gliedert: den ersten, in dem ihr alle losen Fadenenden der Vergangenheit zusammenknüpft, einschließlich eures Karmas, und den zweiten, in dem eure größere Bestimmung zur Ausführung kommt. Aber auch die mit der sauberen Weste finden unter Umständen ihr Leben zweigeteilt: in einen ersten, schwierigen Teil und einen zweiten, in dem das Leben sich öffnet. Dann ist das Leid dazu da, das Herz aufzubrechen, so daß die süße Essenz von Mitgefühl freigesetzt werden kann.

Tatsache ist aber, daß ihr in eurer menschlichen Form nie wissen könnt, was was ist. Es sollte euch auch gar nicht interessieren. Konzentriert euch statt dessen auf die stille Aussaat von Liebe, Freundlichkeit und Mitgefühl. Dann ist euch die Art der Ernte sicher – nämlich daß alles zu euch zurückkommt, was ihr gesät habt.

Vorspulen

Es sind nicht mehr nur die Älteren unter euch, die sich damit herausreden können, die Jahre liefen jetzt schneller – inzwischen ist das eine Wahrheit, die für jeden gilt. Die Jahre gehen schneller um, aber seid beruhigt, ihr Lieben, das heißt nicht, daß euer Leben kürzer wird.

Diejenigen, die an das apokalyptische Szenario glauben, nehmen die Ereignisse in eurer Welt vielleicht auch als Zeichen, daß die Dinge brenzlig werden. Und in gewisser Weise hättet ihr damit sogar recht. Denn was geschieht, wenn etwas brenzlig wird? Wenn sich etwas erhitzt, bewegen sich die Atome schneller.

Und natürlich dürfen wir nicht die zahllosen frommen Seelen in all den Jahrhunderten vergessen, die lange Zeiträume der Nahrungsenthaltung als Teil ihrer spirituellen Praktiken willkommen hießen. Sie fasteten! Ergebnis dieser Übung war eine Beschleunigung ihrer Schwingungen.

Seit etwa zweitausend Jahren bis zu dem historischen Augenblick, da euer New-Age-Bewußtsein einzusetzen begann, war die Lichtenergie, die euren Planeten beschien, einigermaßen konstant, wenn es auch eine seltsame Fluktuation gab: es hat seinen guten Grund, daß eure Geschichtsbücher vom Dunklen Mittelalter und der Renaissance sprechen. In jener Zeit hatte natürlich jede Seele die Gelegenheit, sich im Rahmen der jeweils geltenden Traditionen und Religionen zu entwickeln. Jetzt aber hat Gott, wie ihr sehr wohl merkt, die Hand auf dem Dimmer und schaltet den Strom höher, und niemand kann sich den Auswirkungen entziehen.

Für euch, liebe Freunde, an die ich mich wende, bedeutet das, daß ihr jetzt auf einer Verständnisebene lebt, die ihr in keinem eurer früheren Leben gehabt habt. Ihr befindet euch daher im Sinne des Bewußtseins an einem Ort ohne Landkarte mit nur den Himmelskörpern, euren Führern und Engeln sowie eurem

Höheren Selbst als Führung. Mit ihrer Hilfe werdet ihr gezwungen, neue Wege der Lebensführung zu lernen, denn die alten Wege, die Gesetze des Menschen, dienen euch nicht mehr und erfüllen auch eure Bedürfnisse nicht mehr.

Und zusammen mit den sich beschleunigenden Schwingungen und der daraus folgenden Verzerrung linearer Zeit bedeutet das, daß ihr zum ersten Mal in eurer gesamten Geschichte irdischen Lebens in eurer derzeitigen Verkörperung Erfahrungen im Wert von gleich zwei Inkarnationen in euch aufnehmen könnt.

Es gibt aber noch einen anderen Blickwinkel, der das Kernstück dieser Botschaft ist – denn ich bin sicher, daß, wenn diese Verkörperung gleich zwei Inkarnationen enthalten soll, ihr wollt, daß die zweite besser ist als die erste! Zumindest kann sie sich so sehr von der ersten unterscheiden wie von eurer letzten Verkörperung. Und als höchstes kann sie ein voll verwirklichtes menschliches Wesen bedeuten, das im Himmel auf Erden lebt.

Der Schlüssel, ihr Lieben, heißt schlicht, die Vergangenheit gehen zu lassen; das nicht zu tun, bedeutet nämlich, daß ihr das Gewicht der Vergangenheit mit in eure neue ‚Inkarnation‘ nehmt. Und die Vergangenheit, mit all den damit verbundenen Gefühlen, steckt in eurem Körper.

Es ist nicht überraschend, daß so viele von euch Mühe damit haben, immer voll und ganz in ihrem Körper zu sein, und daß sie deswegen nicht gut geerdet sind. Wenn ihr nicht gerade geübte Tänzer seid, ist es schwierig, das Gleichgewicht zu halten, während ihr einen Spagat macht. Und doch sehe ich, wie so mancher von euch gerade das tut, das heißt, sich in zwei verschiedene Richtungen bewegt. Und da wundert ihr euch, warum die Fortschritte in eurem Leben anscheinend nicht so leicht kommen, wie ihr das gern hättet!

Die Fastenübung kann sich natürlich positiv auswirken, wenn sie mit anderen spirituellen Praktiken verbunden wird, doch da

62

die meisten zeitgenössischen Lebensstile euch nicht erlauben, euch genügend Zeit dafür zu nehmen, wird sie wohl wenig ausrichten. Ein oder zwei Tage im Monat zu fasten ist besser als gar nichts und hat den zusätzlichen Vorteil, daß es euren Körperfunktionen eine Ruhepause und Gelegenheit zu etwas Entgiftung gibt.

Ich möchte euch, ihr Lieben, Möglichkeiten vorschlagen, die viel einfacher sind als das. Höchstwahrscheinlich habt ihr so viele lange Phasen des Fastens in euren irdischen Verkörperungen gehabt, daß das für lange, lange Zeit reichen wird – es sei denn, ihr vernehmt einen klaren Ruf dazu.

Ihr könnt die Vergangenheit gehen lassen im Geist des Akzeptierens, daß alles, was sich in eurem Leben abgespielt hat, nur so war, wie es sein konnte; und daher war auch jeder, der in eurem Leben aufgetreten ist, da, weil er das brauchte. Wo also ist dann überhaupt Raum für Ablehnung oder Ärger! Wird Vergebung dann nicht leichter? Wird es nicht leichter, in einem Geist der Dankbarkeit und des Lobes zu leben... und des Feierns!

Wenn ihr eine neue spirituelle Übung sucht, die für eure derzeitige Evolution dienlich ist, dann schlage ich vor, ihr konzentriert euch jeden Tag einmal darauf, wie sich jede Zelle in eurem Körper in Harmonie bringt mit den neuen Energien, die eure irdische Ebene jetzt erreichen. Jeden Tag nehmen sie an Frequenz zu, also stimmt euch jeden Tag neu auf sie ein. Entwickelt einen Sinn dafür, daß euer ganzes Wesen Schwingung ist, eure physischen wie auch eure feinstofflichen Körper, und stellt euch vor, es werde zum vollkommenen Resonanzboden für die höchste Frequenz, die es übertragen kann. Ihr könntet das sogar machen, bevor ihr schlafen geht, und darum bitten, daß dieser Prozeß während der Nacht vor sich geht. Umgekehrt kann es sein, daß euer Körper euch Botschaften darüber gibt, was für andere unterstützende Maßnahmen ihr ergreifen könnt, um ihm bei der Aufgabe, die ihr ihm gestellt habt, zu helfen.

Und, ihr Lieben, wie wäre es damit, euch ein wenig darin zu üben, ohne Wecker und Armbanduhr zu leben! Gebt euch Tage, an denen ihr euch nicht von der linearen Zeit beherrschen laßt, und ihr werdet nicht nur überrascht sein, wieviel ihr erledigen könnt, ihr werdet darüber hinaus auch den wahren Rhythmus eures Körpers kennenlernen. Das ist auch wichtig für die Zukunft, denn da die Beschleunigung auf der Erde zunimmt, wird jeder Mechanismus, der lineare Zeit reflektiert oder mit ihr arbeitet, letzten Endes zusammenbrechen. Und ich möchte nicht, daß ihr Zeit damit verschwendet herauszufinden, was das für eure Welt jetzt mit sich bringt; wenn es nötig ist, werdet ihr es verstehen – aber nicht vorher! Wie Bruder Paulus es in seiner Hymne an die Liebe schrieb: „... jetzt lerne ich Stück für Stück, aber dann werde ich verstehen, wie ich immer verstanden worden bin. "

Laßt euch nur Folgendes sagen: Wenn der Augenblick kommt und ihr eure Schwingung genügend erhöht habt, um euch von der linearen Zeit zu lösen, so werdet ihr deshalb nicht unpünktlich sein oder wichtige Treffen verpassen, denn es werden viele andere da sein, die harmonisch mit euch schwingen, und ihr werdet auf andere Weise miteinander kommunizieren können. Ihr werdet Meister der Telepathie sein. Und genauso, wie ihr jetzt gelegentlich eine Ahnung davon habt, daß ihr zu einer bestimmten Zeit zu einem bestimmten Ort gehen solltet, so wird das einmal normal sein für euch. Wenn ihr euch von eurer gegenwärtigen dreidimensionalen Wirklichkeit löst, kann das Gesetz der Synchronizität viel freier wirken. Jeder eurer Schritte wird zur absolut richtigen Zeit getan werden, denn ihr tanzt alle zur selben Melodie.

Aufgrund dieses Wandels mag es zu einigen ‚Unfällen‘ kommen, bei Astrologen zum Beispiel, deren Wissenschaft auf linearer Zeit basiert. Es wird nicht mehr möglich sein, die Phasen im Leben eines Menschen vorauszusagen oder auch nur die Einflüsse, die die Planeten im Rahmen linearer Zeit ausüben, denn ihr werdet an einen Ort umgezogen sein, der jenseits solcher äußeren Einflüsse liegt.

64

Und diejenigen von euch, die die Kontrolle über das Tempo ihres Lebens behalten wollen, werden auf die Nase fallen. Stellt euch vor, ihr geht auf einem immer schneller werdenden Laufband und versucht gleichzeitig, in demselben Tempo zu gehen wie normalerweise. Es wird eine Zeit kommen, da könnt ihr das nur tun, indem ihr rückwärts geht, bis ihr das Gleichgewicht verliert und stürzt. Es wird viele solcher Unfälle geben, aber die 'verunglückenden' Menschen werden darum nicht weniger geliebt, und man wird sich gut um sie kümmern.

Und, ihr Lieben, die Tatsache, daß sich die lineare Zeit beschleunigt, bedeutet mit Sicherheit nicht, daß euer Leben kürzer wird, es sei denn natürlich, ihr wählt, unter Einsatz linearer Zeit am Leben zu bleiben. Ja, physikalische Gesetze besagen, daß dichte Materie, aus der euer Körper jetzt bestehen mag, eine begrenzte Lebensdauer hat. Doch in dem Maße, wie ihr daran arbeitet, mit den zunehmenden Schwingungen Schritt zu halten und eure Verbindung mit der Quelle durch Übungen der Hingabe zu vertiefen, in dem Maße wird diese dichte Materie mehr und mehr lichterfüllt und ist nicht mehr den Gesetzen des Verfalls unterworfen! Dies hat sich schon zu euren Lebzeiten in so manchem Fall erwiesen, wo die physischen Körper erleuchteter Seelen noch lange nach dem Fortgehen des Geistes unversehrt blieben.

Ein Nachteil davon ist für manche, daß Geburtstage bedeutungslos werden – aber ihr werdet zahllose andere Gründe haben zu feiern. Ihr werdet auch nicht mehr daran interessiert sein, Lebensspannen an ihrer Länge zu messen, noch werdet ihr euch überhaupt Gedanken darum machen, denn wenn ihr diese Bewußtseinsebene erreicht habt, in der Zeit irrelevant ist, so aus dem Grunde, daß ihr den Schleier durchdrungen habt, der jetzt unsere beiden Welten trennt.

Dann werdet ihr ganz und gar die Illusion verstehen, die heute noch Tod genannt wird – und ihr könnt ums Verrecken nicht sterben!

Diejenigen, die den Begriff des Treibhauseffektes prägen, um die Auswirkung verschiedener Gasemissionen auf die Atmosphäre eures Planeten zu beschreiben, konnten nicht wissen, wie treffend diese Definition auch die Wirkung spiritueller Kräfte, die jetzt im Äther wirken, auf die menschliche Seele beschreibt.

Wenn ich jetzt als Beispiel nur einmal einen praktischen Gebrauch des Treibhauses anführe – nämlich einen Raum, wo die Kräfte der Sonne durch Glas hindurch das Pflanzenwachstum bewirken – dann könnt ihr verstehen, wie, im Gegensatz zur negativen Auswirkung der Freisetzung von Gasen in der Erdatmosphäre, die Strahlen der kosmischen Sonne in Freunden wie euch eine Beschleunigung ihres spirituellen Wachstums ermuntern, damit ihr die Schönheit eurer spirituellen Energie in die Welt entlassen könnt – einer Energie, die viel ansteckender ist als die sogenannten Treibhausgase giftig sind.

Wir wissen, ihr Lieben, daß diese Zeit beschleunigten Wachstums mitunter ungemütlich ist. Ihr erlebt eure Wachstumsschmerzen genauso wie zu der Zeit, als ihr Heranwachsende wart. Es kann in der Tat so sein, daß ihr euch alles andere als liebevoll fühlt, während ihr wachst, und daß ihr euch fragt: „Was soll das alles? Wer will überhaupt spirituell sein, wenn man sich dann so fühlt?"Vielleicht schaut ihr neidisch auf die, die nach eurer Anschauung ein so leichtes Leben haben, und wünscht euch, eures wäre auch wieder so leicht. Aber ihr wißt ja doch, daß die Komplexität, die euch ausmacht, diese Möglichkeit ausschließt. Ihr müßt es akzeptieren, ihr Lieben, daß mit dem Leben, wie ihr es einmal kanntet, Schluß ist, und damit meine ich nicht nur euer persönliches Leben. Leben, menschliches Dasein, besonders für bewußte Wesen wie euch jetzt, aber allmählich für alle, wird nie mehr ganz so sein wie früher.

Dies wird nicht so sein, weil die sogenannten negativen Dinge auf eurem Planeten geschehen, sondern weil euer Innenleben und sein Wandel eure Wahrnehmungen von und Erwartungen an das äußere Leben verändern. Schlicht gesagt, ihr wachst aus den Kinderschuhen heraus. Ihr gewinnt an spiritueller Reife. Man fordert euch auf, erwachsen zu werden. Wenn ich noch einmal Paulus' Hymne an die Liebe zitieren darf: „Als ich ein Kind war, dachte ich wie ein Kind, ich suchte unmittelbare Belohnung wie ein Kind, ich nahm wie ein Kind, und wie ein Kind dachte ich nicht an morgen; doch jetzt, da ich kein Kind mehr bin, benehme ich mich nicht mehr kindisch." Darf ich sagen, daß es nicht einmal mehr angebracht ist, daß ihr von euch als Kindern Gottes denkt? Diese Veränderung könnte mehr Menschen dazu veranlassen, erwachsen zu werden und ihre Verantwortung früher auf sich zu nehmen. Von jetzt an betrachtet euch als Erben Gottes.

Und beneidet niemanden, ihr Lieben, denn es ist euer Privileg, in einem Treibhaus zu sein, selbst wenn es sich nicht immer nach einem Privileg anfühlt. Euer Unbehagen verblaßt zur Bedeutungslosigkeit im Vergleich zu dem eures Planeten, und eure Entscheidung, euch als Freiwillige zur Ersten Armee zu melden, erfolgte in dem Wissen, daß das Training hart sein würde, denn sehr wichtige Aufgaben liegen vor euch, um den Sieg des göttlichen Gesetzes über das menschliche zu erringen. Denkt daran, welche Hitze und welchen Druck der Kohleklumpen über sich ergehen lassen muß, damit er ein blitzender und funkelnder Diamant wird. Würdet ihr das nicht von ihm wollen? Und für die, die schon im Treibhaus sind, heißt es bereits Hitze und Druck!

Und so, wie ein Großteil der menschlichen Rasse physischer Bequemlichkeit und der Erfüllung materieller Bedürfnisse nachjagt unter Einbeziehung der Folgen, so verlangt deren Auswirkung auf den Planeten, daß Seelen wie ihr bereit sind, sich zu transformieren und unter dem mächtigen Glühen der Kosmischen Sonne zu reifen, um ein paar Schritte im voraus zu bleiben, damit die Waagschalen sich immer ein bißchen mehr zugunsten der Evolution neigen. Die Schwere des Pfades, wie ihr sie manchmal empfindet, mit ihrer Erschöpfung und Kampfesmüdigkeit, ist kaum überraschend, wenn ihr bedenkt, daß ihr einen großen Teil der Menschheit aufwärts zieht.

Zweifellos haben einige von euch mehrmals ein Leben gelebt, in dem ihr beim Bau großer Tempel eine Rolle spieltet; ich meine nicht als Architekten, sondern als Arbeiter in der Sonne, die schwere Gewichte trugen. Aber wißt ihr, in jenen frühen Tagen wußten sie, das heißt ihr, wie man großes Gewicht durch die Kraft des Geistes so leicht transportierte, als wäre es Papier. Solche Gaben stehen euch nach wie vor zur Verfügung, obwohl ich das nicht im Sinne des physikalischen Gewichts meine.

Mein Grund, euch daran zu erinnern, ist der, daß ihr euch nicht belastet fühlen sollt von der Sorge darum, was sich wie die Zerstörung eures Planeten ausnimmt, und von dem Leid, das dies euren Mitmenschen verursacht. Viele von den Mitfühlenden unter euch können nichts daran ändern. Wir sehen diese Themen auf eurem Bewußtsein oder auch im Unbewußten lasten, selbst wenn ihr gar keine Verbindung gezogen habt zwischen dieser Tatsache und den Schwankungen in eurem Wohlbefinden. Wir wollen gewiß nicht, daß ihr weniger mitfühlend seid, aber wir wollen, daß euer Mitgefühl gestützt wird durch eine gewisse Distanzierung und das Vertrauen in den höheren Plan.

In eurer stillen Zeit, wenn ihr den Tempel des Herzens betretet, den ihr schon so wunderschön errichtet und hergerichtet habt, stellt euch vor, daß das Heben des Bewußtseins auf eurem Planeten so einfach ist wie das Heben eines riesigen Felsbrockens mit den Fingerspitzen. Wenn ihr das macht, werdet ihr eure eigene Schwingung erhöhen; ihr werdet euch nicht niedergeschlagen fühlen; ihr werdet mehr und mehr Vertrauen haben in die göttliche Kraft in euch, so daß ihr, und das ist am allerwichtigsten, vor keiner Aufgabe mehr zurückschreckt, gleichgültig wie schwer sie zu sein scheint.

68

Ich würde gern noch eines zum Treibhaus sagen. Die Pflanzen darin freuen sich nicht nur über die Wachstumsbedingungen durch die Lichtintensität, sondern auch über die besondere Aufmerksamkeit jener, deren Aufgabe es ist, die reiche Ernte zu fördern. In diesem Sinne, ihr Lieben, kümmern wir, eure Führer, uns um eure Bedürfnisse. Vom zartesten Sämling bis zur voll erwachsenen Pflanze schützen wir euch tausendfach mit derselben Hingabe, wie sie Eltern gegenüber ihrem Kind an den Tag legen. Seid versichert, trotz gelegentlicher Unbequemlichkeiten, trotz Zweifel und Enttäuschungen – ihr geht nicht leer aus.

Meine lieben Freunde, allesamt Gottes Erben, ihr werdet die Erde erben und gesegnet sein.

Ihr wißt, ihr Lieben, es hat keinen Zweck, über den Untergang von Kulturen und Völkern zu trauern. Das ganze Leben ist eine Evolution, und alles, was nicht bereit ist, sich zu entwickeln, muß sich zwangsläufig selbst zerstören. Das heißt, sich selbst zerstören in seiner physischen Form, denn viele von euch haben in Kulturen gelebt, die es nicht mehr gibt, und doch seid ihr überaus lebendig, wie ich übrigens auch – wenn ich das hinzufügen darf –, nur ohne eine physische Form.

Um ein zeitgenössisches Beispiel zu geben: Es ist richtig, wenn ihr das Volk der Tibeter in eure Gebete einschließt, da es sehr leiden muß. Aber da die Religion von Tibet wie eine köstliche Frucht an einem Baum war, der zu verdorren drohte, mußte sie aufgeschnitten werden, damit die Säfte zu euch fließen und euch nähren konnten. Es ist also nicht wirklich etwas verloren; vielmehr hat eure Welt viel gewonnen durch das Teilen dieser reichen Quelle der Spiritualität, die einst hinter hohen Berggipfeln eifersüchtig gehütet wurde.

Drückt auf jeden Fall weiterhin euer Mitgefühl und eure Solidarität mit jenen Leidtragenden aus, doch ohne zu urteilen, denn dieses Leid hat sich ihre Seele ausgesucht, genauso wie ihr euch ausgesucht habt, in eure Umstände geboren zu werden. Ihr könnt eine Menge tun, ihrer und eurer eigenen Sache zu helfen, wenn ihr eure Aufmerksamkeit darauf richtet, was ihr von dem Wissen und der Weisheit, die euch jetzt zugänglich sind, lernen könnt, anstatt zu bedauern, was doch in der Absicht geschehen ist, euch dieses Wissen und diese Weisheit überhaupt erst zugänglich zu machen. Fragt euch doch einmal selbst, ob es nicht möglich ist, daß ein Teil des Leidens der Tibeter der Preis ist, den zu zahlen sie eingewilligt haben dafür, ihre Reichtümer mit euch zu teilen! Könnt ihr euch eine Welt ohne das Mitgefühl und die Weisheit des Dalai Lama vorstellen, wie sie euch in Büchern und Gesprächen zur Verfügung stehen?

Es kann sein, daß es noch andere große Seelen gibt, die noch immer von der Außenwelt abgeschnitten in euren Dschungeln leben, was bis heute ihre Verbindung mit Gott begünstigt hat, und die jetzt aber von euch allen geteilt werden muß, wie es im Falle Tibets war. Wenn das geschehen soll, muß dafür vielleicht ein anthropologischer Preis gezahlt werden – doch wenn es eine menschliche Bruderschaft geben soll, dann müssen alle Menschen in sie aufgenommen werden; keiner kann dauerhaft isoliert von den Mitmenschen leben.

Liebe Freunde, betrauert ein Apfelbaum den Verlust seiner Blätter im Herbst? Nein, denn er weiß, daß es ohne diesen Verlust kein neues Wachstum und keine neue Ernte geben würde. Also freut er sich darauf. Er vertraut auf den Zyklus der Natur, wie er von Gott erschaffen wurde. Der Baum lebt durch viele Jahreszeiten weiter. Genauso ist es mit der menschlichen Seele. Kulturen mögen kommen und gehen, wie Blätter an einem Baum; jede hinterläßt ein Vermächtnis, das eure Welt bereichert, wie die verrottenden Blätter den Boden am Fuß des Baumes bereichern, damit er größer und stärker wird.

Also, ihr Lieben, dankt für alles, was Vergangenheit ist, wie auch der Baum dankt für die kompostierenden Blätter, die die Erde nähren, in der er wächst. Wie sich die Energie der alten Blätter im Frühlingswachstum wiederfindet, so nährt auch die Energie, die aus früheren Kulturen weiterlebt, euer jetziges Wachstum – in der Erfahrung eurer Seele, die damals in ihnen lebte, in der Weisheit, die aus dem herunterfallenden Becher verschüttet wurde. Ihr braucht nicht zurückzusehen, denn das Beste der Vergangenheit lebt jetzt in euch und um euch herum weiter. Laßt die Vergangenheit gehen und wißt ohne auch nur die leiseste Andeutung eines Zweifels, daß alles jetzt vollkommen ist.

Wenn ihr euch daran erinnern könntet, wie es war, geboren zu werden, würde euch klar, daß Sterben ein Kinderspiel dagegen ist.

Über Freundlichkeit

Ich habe einen Traum, und dieser Traum ist, daß eines Tages alle eure Weltführer – und damit meine ich nicht die politischen oder religiösen Führer, wie ihr sie jetzt habt, sondern wahre Führer, eure wahren Vertreter – zusammenkommen, um eine bedeutende Entscheidung zu treffen.

Und die Entscheidung, die sie treffen, ist, daß die Menschheit nicht länger mit diesem Namen bezeichnet wird, sondern von da an der ‚freundliche Mensch' genannt wird*. Und von da an wird euer Planet im ganzen Universum als der Planet der Freundlichkeit bekannt.

Freundliche Männer, Frauen und Kinder, ich dränge euch, jetzt damit anzufangen, damit mein Traum so bald wie möglich Wirklichkeit werden kann. Bringt jedem und allem Freundlichkeit und Güte entgegen. Was für einen Glanz wird das in eure Herzen bringen, unmittelbar und von Anfang an, denn euer Herz reagiert auf Freundlichkeit wie die Rosenknospe auf die Wärme der Sommersonne.

Versucht, so gut es geht, nach dem Göttlichen Gesetz zu leben, damit menschliche Gesetze überflüssig werden können. Wißt von jetzt an ohne den Schatten eines Zweifels, daß die Quelle alles Guten, die Erfüllung aller eurer Bedürfnisse in jeder Hinsicht allein von Gott kommt. Denn Freundlichkeit und Güte können nur dann wahrhaft zum Ausdruck gebracht werden, wenn sie großzügig gegeben werden, und das ist schwierig, wenn euch etwas fehlt oder ihr Angst habt, weil ihr die Kraft, euch zu versorgen, auf etwas im Außen projiziert habt.

* unübersetzbares englisches Wortspiel: von ‚mankind' (=Menschheit) zum ‚kindman' (freundlichen Menschen)

Lebt in Göttlicher Zeit, wo alles zum rechten Zeitpunkt geschieht, so daß ihr vertrauensvoll im Jetzt leben könnt in dem Wissen, daß alles vollkommen ist, in jeder Minute des Tages. Ihr könnt Freundlichkeit nicht wirklich zum Ausdruck bringen, wenn ihr unter Stress steht oder wenn ihr Angst habt, zu spät zu kommen, denn Freundlichkeit verlangt, daß ihr im Jetzt seid mit dem Menschen, zu dem ihr freundlich seid.

Baut einen Tempel in eurem Herzen, in den die Wahrheit Einzug halten kann, damit eure Kirchen und Tempel, in die ihr geht, um durch falschen Glauben an Strafe und Verurteilungen kontrolliert zu werden, ebenfalls überflüssig werden können. Wäre es Jesu Absicht gewesen, daß in seinem Namen Kirchen erbaut würden, so hätte er sein Leben damit verbracht, Einweihungsschleifen zu durchschneiden. Er drückte seine Freundlichkeit in allen Aspekten des Lebens aus, aus seinem Christusherzen heraus, ohne Urteil oder Ausschluß. Freundlichkeit muß bedingungslos ausgedrückt werden, ohne Unterscheidung, aber immer respektvoll und niemals zwingend.

Die neuen Führer, die erscheinen werden, werden durch Salbung mit authentischer Macht ausgestattet sein. Sie werden diejenigen sein, die zu jener Zeit am vollkommsten die Wahrheit verkörpern, und die in der Seele ihr Einverständnis gegeben haben, diese Aufgabe auf sich zu nehmen. Sie werden nicht von persönlichem Ehrgeiz motiviert sein, und weil sie alle mit derselben Macht ausgestattet sind, der Macht der Christusliebe, wird es keine Konkurrenz oder Spaltung unter ihnen geben, auch kein Aufeinanderprallen verschiedener Ideale, denn sie werden alle dem einen Ziel dienen. Ebensowenig werden sie versuchen, an der Macht zu bleiben, und in dem Maße, wie immer mehr von euch ähnlich gesalbt werden, in dem Maße wird die Verantwortung zur Entscheidungsfindung gemeinsam getragen, jeder kennt seine Aufgabe und sein Amt, wie die ursprünglichen Jünger. Denkt daran: Nachdem der Meister gegangen war, war ihr Führer stets der Heilige Geist, der sie vereinte, nicht ein Individuum. Und so blieb es bei den frühen Christen drei Jahrhunderte lang.

Könnt ihr euch an diese Zeit erinnern? Einige von euch haben vielleicht das Gefühl, daß sie unter dem Einfluß dieser ersten Jünger lebten. Ihr habt recht damit, und das ist der Grund dafür, warum euch der Name Jesus heute so bewegt wie damals, wenn ihr hörtet, wie sein Name mit solcher Liebe von denen ausgesprochen wurde, die ihn persönlich gekannt hatten. Es ist, als hörtet ihr den Namen eines lange verschollenen Freundes, der in euer Leben zurückgekommen ist. Für viele von euch gilt, daß ihr euch in jenem Leben dazu verpflichtet habt, dem Christus in diesem Leben zu dienen. Eure dazwischenliegenden Lebenszeiten seither haben euch auf viele gefährliche und schmerzliche Reisen geführt, um eurer Seele jetzt die Ressourcen von Liebe und Weisheit zu verleihen, die euch ausstatten für die Aufgabe, der Menschheit zu helfen, eine freundliche Menschen zu werden. Waren jene Leben Zeiten des Studiums, so ist dieses Leben das Abitur an Gottes Schule der Liebe.

76

Über eure größere Bestimmung

Ihr sprecht häufig über die größere Bestimmung, die einige von uns anstreben. Gibt es eine Möglichkeit zu entdecken, was unsere größere Bestimmung jetzt ist?

In einem allgemeinen Sinne ja. Einfach ausgedrückt, ist die erste Bestimmung für eure jetzige Anwesenheit in einem physischen Körper, euch spirituell zu entwickeln um dieser Entwicklung selbst willen, nicht weil euch das dahin führt, irgendeine Aufgabe zu erfüllen, sondern weil das Verlangen nach einer engeren Beziehung zu Gott mit allem, was das verheißt, das wichtigste ist. Aus diesem Grunde habt ihr bestimmte Umstände gewählt, wie zum Beispiel wo ihr geboren wurdet und durch wen ihr eine Grundlage für diese Reise erhaltet. Viele haben entdeckt und entdecken noch immer, daß das allein Grund genug ist zu leben.

Aber ich würde eure Frage lieber im Zusammenhang mit dieser besonderen Zeit in der Geschichte eures Planeten und der Menschheit beantworten. So betrachtet würde ich sagen, daß es drei Gründe für euer physisches Dasein gibt.

Einmal um Zeuge der großen Veränderungen zu sein, die jetzt auf eurem Planeten stattfinden, besonders was das menschliche Bewußtsein betrifft. Das erklärt eure Bevölkerungsexplosion und warum derzeit so viele Seelen inkarniert sind – denn es ist so ungefähr die spannendste Zeit in der Geschichte der Menschheit im Laufe eines sehr, sehr langen Zeitraums. Ihr drängt euch alle da hinein, um dabei zu sein und aus den Umständen der Erde das Beste für eure Evolution zu machen. Wer wollte nicht daran teilnehmen, Geschichte zu machen?

Zweitens liegt für viele von euch der Grund für die Wahl, in diese Zeit geboren zu werden, darin, daß ihr euch speziell das zunutze machen wollt, was gegenwärtig vielleicht von jenen, die ein bißchen weiter sind als ihr, zur Verfügung steht, um euch auf der Reise zu helfen.

77

Drittens und vorrangig: Ihr habt euch jetzt inkarniert, um euren eigenen besonderen Beitrag zu diesen Veränderungen zu leisten, um Teil der Ersten Truppe zu sein, die vorwärts marschiert und dabei stolz die weiße Flagge hochhält, die weiße Flagge nicht der Unterwerfung unter den Feind, sondern der Unterwerfung unter den Willen Gottes.

Aber wir sehen, daß manche von euch einen Fehler machen. Dieser Fehler ist der Glaube zu meinen, wenn ihr zur Ersten Truppe gehört, muß man euch das ansehen durch das, was ihr tut, muß man euch ansehen, daß ihr in dieser Bewegung engagiert seid. Wir sehen bereits viele liebe Freunde leiden, weil sie glauben, dienen bedeute, sie müßten sich zu diesem oder jenem alternativen Heiler ausbilden, mit dem Ergebnis, daß sie in ihren Sprechzimmern sitzen und auf die Patienten warten, die wiederum in ihren Sprechzimmern sitzen und umgekehrt auf sie warten. Wir begrüßen zwar jeden Ruf, einander zu helfen – aber wir möchten, daß er Erfüllung bringt, nicht Stress, wie ihr eure Rechnungen bezahlen sollt.

Ihr Lieben, ihr seid menschliche Wesen (beings), nicht menschliche ‚Tulinge‘ (doings) oder menschliche ‚Habelinge‘ (havelings), und euer größter Beitrag wird in dem bestehen, was ihr seid, nicht in dem, was ihr tut, und euer Wesen ist ein Teil von euch, der sich niemals „abschaltet“. Ich bin sicher, ihr kennt Leute, in deren Gegenwart ihr euch plötzlich besser fühlt, nicht wegen irgend etwas, das sie gesagt oder getan hätten, sondern einfach, weil ihr mit ihnen zusammen seid. Wäre es euch nicht lieb zu wissen, daß ihr dieselbe Wirkung auf Menschen habt, egal wo ihr seid, nicht nur am Arbeitsplatz, sondern in allen Lebensbereichen? In diesem Falle wird euer Tun aus eurem Wesen geboren, ob ihr nun mit jemandem redet, der neben euch im Bus sitzt, oder ob ihr einem Menschen eine Massage gebt. Das heißt nicht, die hervorragende Wirkung einer Massage zu schmälern – vielmehr sollt ihr wissen, daß die Erfahrung des Menschen, der sie empfängt, gesteigert wird durch die Kraft eures Wesens, nicht allein durch eure Fähigkeiten. Es gibt Grenzen für den Grad, bis zu dem ihr eure Fähigkeiten entwickeln könnt, aber es gibt keine Grenzen für die Entwicklung eures Wesens.

Redest du dann nicht gern über die Bestimmung eines Menschen im Hinblick auf eine bestimmte Aufgabe?

Am liebsten würde ich so viel ausplaudern wie nur möglich. Aber wenn ich euch sagen würde, daß eure Aufgabe X ist, dann würdet ihr eure ganze Energie dahinein stecken und es vielleicht sogar erreichen, aber ihr würdet in diesem Fall nicht darüber hinaus gehen, und die Wahrheit ist, es gibt keine Grenzen dessen, was ihr tun könnt. Sogar Jesus sagte: „Die Dinge, die ich tun kann, könnt ihr auch – und mehr!" Also, das war kein Windei. Er tat das, was er tat, nicht um zu zeigen, wie clever er war. Als er das sagte, wollte er alle inspirieren, die an die Macht der Christusliebe glauben. Er wollte deutlich machen, daß durch diese Liebe alle Dinge möglich sind. Das heißt aber nicht, daß ihr heilen und Wunder wirken müßt wie er, um erfolgreich eine Lebensbestimmung zu erfüllen, denn was immer ihr mit Liebe tut, ist gut. Ihr sollt nur nicht wegen einer bestimmten Programmierung im Kopf oder aus falscher Bescheidenheit heraus das begrenzen, was zu erreichen euch möglich ist. Denkt daran, Jesus sagte nicht: „Ich bin nichts", er sagte: „Aus mir selbst heraus bin ich nichts." Das ist ein großer Unterschied. Wenn ihr euch nur auf eure menschlichen Fähigkeiten verlaßt, werdet ihr euer Potential nicht ausschöpfen, doch wenn ihr aus Hingabe an Gott in eine Beziehung der Mitschöpfung zu Ihm tretet, könnt ihr dasselbe tun wie Jesus.

Der Wunsch nach einem Etikett für euch selbst ist menschlich. Dann könnt ihr, wenn euch jemand fragt, was ihr macht, stolz sagen: „Ich bin Arzt" oder „Ich bin Künstler" oder was auch immer. Eine weitaus bessere Antwort auf so eine Frage wäre allerdings, voller Vertrauen und Freude zu sagen: „Ich weiß es nicht genau; ich bin einfach." Macht das zu eurem Ziel!

Die Wahrheit ist, daß ihr, gleichgültig ob ihr jetzt aktiv für andere arbeitet oder nicht, nichts Besseres tun könnt, als zu wünschen, daß ihr ein Leben der Liebe in Aktion führt, und das könnt ihr in jeder Minute des Tages tun. Was immer eure zukünftige Aufgabe sein mag, sie wird unausweichlich das Herz mit einbeziehen – also warum nicht jetzt anfangen zu trainieren, wie ein Athlet für einen Wettlauf trainiert. Viele von euch stellen sich ein Leben des Dienstes für sich vor, das sie ins Scheinwerferlicht rücken wird. Aber ihr seid nicht wirklich bereit, in so sichtbarer Weise zu dienen, ehe ihr nicht zufrieden seid, es im Unsichtbaren zu tun, wo niemand es sieht. Teil eures Trainings, eine größere Bestimmung im Leben auszuführen, ist die Aufmerksamkeit gegenüber den kleinen Dienstleistungen, die jederzeit getan werden können. Fangt an, eure Liebe auszudrücken durch heilige Absicht, vielleicht indem ihr jedesmal, wenn ihr eine Kerze anzündet, sie für einen Menschen anzündet. Und wenn ihr sie auspustet, schickt ihr das Licht selbstverständlich einem Menschen. Verschwendet nie Licht! Wenn ihr danach sucht, könnt ihr unzählige Möglichkeiten am Tag sehen, liebevolle Aufmerksamkeit auszudrücken, gegenüber euren Mitmenschen, gegenüber Tieren, den Pflanzen in eurem Garten. So könnt ihr mithelfen, mir den Traum von einer Menschheit zu erfüllen, die sich in eine freundliche Menschheit verwandelt.

Wohin gehört ihr?

Manche von euch glauben, daß sie nicht auf den Planeten Erde gehören, daß sie von irgendeinem anderen Ort im Universum gekommen sind, und sie sehnen sich danach, ‚nach Hause‘ zu gehen. Ihr seht euer Dasein in einem menschlichen Körper als ‚ein zeitweiliges Darlehen‘ an die Erde an, derweil sie ihre Transformationen durchmacht, und dann geht ihr nach Hause zum Sirius oder auf die Plejaden oder wo immer das ist, was ihr für euer Zuhause haltet.

Ich würde dazu sagen, es spielt überhaupt keine Rolle, von wo im Universum ihr herkommt. Ihr kommt alle von demselben Gott, derselben Schöpferkraft, ob ihr nun ein Erdenwesen seid oder von den Plejaden oder vom Mars. Ich würde also sagen, jeder, der unter solchem Heimweh leidet, geht an dem Punkt seiner wirklichen Herkunft vorbei, und so ein Gefühl des Heimwehs deutet eher auf den Glauben an ein Getrenntsein von Gott als spiritueller Heimat denn auf eine planetarische Heimat. Nach Hause kommen bedeutet die Verwirklichung eures Einsseins mit Gott, wo auch immer ihr seid.

Natürlich haben viele von euch Leben auf anderen Planeten erfahren, man könnte sagen, als Teil eurer Erziehung, und da hattet ihr keinen physischen Körper. Aber das erklärt nicht die Unbehaglichkeit, die manche von euch jetzt in ihrem Körper empfinden. Eine der Lektionen der irdischen Bedingungen ist, die Dichte der Materie zu erfahren und herauszufinden, daß eines der Mittel, sie in etwas Lichterfülltes zu verwandeln, darin besteht, die Bewußtseinsebene in eurer Seele zu heben.

Materie folgt dem Bewußtsein, und in euch allen steckt das Potential, eure Körper in Lichtgefährte zu verwandeln, die euch gestatten, euch von den Zwängen physischer Gesetze auf der Erde zu befreien. Weil Jesu Körper derart lichterfüllt war, konnte er auf dem Wasser gehen. Eines Tages mag das auch euch möglich sein, ganz zu schweigen von der Möglichkeit, auf eurem Planeten ohne jegliches Transportmittel umherzureisen, selbst ohne noch fliegenden Teppich. Klingt unglaublich, nicht wahr? Und auch noch umweltfreundlich! Doch der Körper folgt dem Bewußtsein noch nicht unmittelbar, und ihr könnt eurem Glücksstern dafür danken. Denn keiner von euch hat bislang genügend Kontrolle über seine Gedanken, um irgendwelche peinlichen Vorkommnisse zu vermeiden. Stellt euch vor, ihr tragt eure schweren Einkaufstüten zum Auto und wünscht euch, ihr hättet ein zweites Paar Hände! Und wie sieht's aus mit den Zeiten, in denen ihr euch wünscht, ihr hättet Augen auf dem Rücken?

Die Frustration, die viele von euch erleben, hängt damit zusammen, daß euer Körper eurer spirituellen Schwingung noch hinterherhinkt, und so spürt ihr noch deutlich den Kontrast zwischen dem Sehnen, das der Leichtigkeit von Herz und Seele entspringt, und der Schwere des physischen Instruments. Laßt euch nicht entmutigen, ihr Lieben, es ist einfach noch nicht an der Zeit, daß euer Körper dem Ruf der Seele folgt. Er läßt euch nicht im Stich. Er ist nur nicht dazu da, euch einen Fluchtweg aus den Frustrationen über die menschliche Lage zu weisen, die ihr euch größtenteils selbst gewählt habt. Aber zur rechten Zeit wird er absolut richtig mit der Mission eurer Seele auf der Erde kooperieren. Für eine Weile bleibt er noch euer Lehrer. Macht das Beste aus dem, was er euch über die wundersame Dimension lehren kann, in der ihr jetzt lebt. Zum Beispiel über das Gesetz von Ursache und Wirkung in seiner Wechselwirkung mit euren Gefühlen. Über das Vergnügen, das er empfängt, wenn ihr ihn durch eure fünf Sinne nährt und daß nicht einmal die scheinbare Beschränktheit eines dichten physischen Körpers euch von der Liebe Gottes trennen kann.

Arbeitet auch daran, den Körper weiter mit allen euch bekannten Mitteln zu reinigen und so die giftigen Restbestände alter emotionaler Not genauso auszuscheiden wie das, was ihr physisch zu euch genommen habt. Hört nicht auf, euch im Gebet hinzugeben, in ständig zunehmendem Glauben und Vertrauen auf den Höchsten, und befreit euch auf diese Weise vom Ballast der Angst und Sehnsucht nach der vermeintlichen Sicherheit der äußeren Welt. All das zusammengenommen wird euch am Ende in einen Zustand bringen, in dem sich das, was ihr in euch entdeckt, als unendlich viel verlockender erweisen wird als irgendein Himmelskörper im Außen.

Und darüber hinaus: Wenn ihr so einen Seinszustand erreicht, wenn alles in euch in Resonanz mit der Wahrheit von Gottes Allgegenwart schwingt, werdet ihr eins sein selbst mit dem schwächsten Stern, den ihr am Nachthimmel sehen könnt. Ihr seid mit ihm verbunden, seid mit dem ganzen Universum verbunden durch diese einzige Wahrheit, die jegliche Entfernung zwischen euch zum Trugschluß macht. Lenkt einen Gedanken auf irgendeinen Planeten, und er wird dort empfangen, genauso wie sein Licht euch erreicht, nur viel schneller, als eure Wissenschaftler es sich je vorstellen könnten.

Also, wenn ihr immer noch Heimweh habt nach eurem Planeten, dann wißt ihr jetzt, daß ihr mit euren Gedanken innerhalb eines einzigen Sternen-Augenzwinkerns dort sein könnt.

Für viele von euch ist es ihre zweite Natur, diejenigen zu ‚tragen‘, die sie lieben. Und selbst auf unpersönlicher Ebene identifiziert ihr euch übermäßig mit dem Leiden irgendeines Teils von Gottes Reich. Das ist nicht hilfreich, weder für euch noch für den Menschen, den ihr ‚tragt‘, wenn es dazu führt, daß ihr eure Energie verausgabt oder ihr gar die Negativität anderer als eigene Depression und Traurigkeit empfindet. Es hilft den Nöten eines Individuums oder eures Planeten auch keineswegs, wenn ihr eine Not bemerkt und sie dann lediglich als Tatsache äußert.

Denkt daran: Irgendeine Tatsache auszusprechen und dabei die Gegenwartsform zu benutzen, hat denselben Effekt wie eine Affirmation. Eine unglückliche Situation als Tatsache hinzustellen, affirmiert die Wahrscheinlichkeit, daß sie ihr Dasein in eurem Leben verewigt. Schon allein nur als Tatsache zu äußern, daß so und so viele Bäume jedes Jahr gefällt werden oder gar bis zu einem bestimmten Datum fallen werden, heißt, dieser Handlung energetisch zuzustimmen und sie noch zu bestärken – das genaue Gegenteil also von dem, was ihr beabsichtigt hattet. Wenn ihr aus der Feststellung noch ein Urteil über den Täter herleitet, bestärkt ihr die Situation noch mehr.

Positives Handeln liegt nicht darin, ein Lehnstuhlaktivist zu sein – letzteres dient nur dazu, die negativen Energien mobil zu machen, und trennt euch von der Wahrheit. Dann sind es nicht nur eure Felder und Wälder, die verschmutzt sind, sondern auch euer Herz, und eure Worte klingen wie die tönernen Schellen und Gongs, von denen Paulus sprach im Zusammenhang mit der Wirkung von Äußerungen von Fakten, die ohne Liebe ausgesprochen werden. Ebensowenig wird ein Sieg gegen destruktive Elemente errungen, indem ihr sie voller Aggression bekämpft, denn dann macht ihr sie euch zu eigen und beginnt damit einen Machtkampf, der niemals eine dauerhafte Lösung bringen kann.

Statt dessen kann er in euch ein stärkeres Gefühl der Ohnmacht und Vergeblichkeit hervorrufen, und das zieht euch dann noch mehr Energie ab.

Versteht mich nicht falsch, ihr Lieben. Es geht mir keineswegs darum, eure leidenschaftliche Sorge um euren Planeten oder etwas anderes, an dem euch liegt, zu zerstreuen. Wir, eure Geliebten in der Welt des Lichts, feiern eure Sorge, und wir lieben euch sehr dafür, aber ich muß euch an die Worte Jesu erinnern: „Aus mir selbst heraus kann ich nichts tun." „Wir möchten nur, daß ihr an einen Punkt kommt, an dem ihr fähig seid, selbst zu feiern, weil ihr seht, wie der Wandel zum Guten aus eurer Partnerschaft mit Gott und dem göttlichen Gesetz in Aktion in euch zustande kommt. Dafür müßt ihr euch der Urteile enthalten, die göttliche Wahrheit affirmieren und nicht, was in eurer Welt als wahr gilt; ihr müßt jenen vergeben, die sich gegen dieses Gesetz stellen, „denn sie wissen nicht, was sie tun"; und ihr müßt eure Energie darein setzen, euch selbst auf eine höhere Ebene zu bringen, um ein wirksameres Instrument für Gott zu sein, der durch euch wirkt.

Auf diese Weise könnt ihr so viel dafür tun, jene zu unterstützen, die jetzt ihre Berufung darin gefunden haben, im Rahmen einer sozialen Einrichtung zu dienen. Wenn sie die Infanterie sind, macht euch selbst zur Luftwaffe, die Bomben aus Licht abwirft auf jene, die gegen die Erschaffung des Himmels auf Erden arbeiten. Natürlich werden die Infanteristen in späterer Zeit, wenn alles nach göttlichem Gesetz geht, zu euch emporgeschossen werden. Bis dahin entwickelt sich alles gut für sie dort, wo sie gerade sind, denn ihre Absicht ist dieselbe wie eure, und sie wollen jetzt wachsen. Vergeßt nicht: Damit die Evolution stattfinden kann, ist es unwichtig, ob die Dinge nach irdischen Regeln Erfolg haben oder nicht – wenn nur die Absicht richtig und wahr ist.

Wenn ihr euch in der Luft noch nicht richtig getragen fühlt, ist es unwahrscheinlich, daß ihr immun seid gegen die Auswirkungen von so viel Sorge auf eure physischen und feinstofflichen Körper.

Einige von euch laufen sogar mit einer Botschaft in ihrer Aura herum, die andere dazu einlädt, ihre Kümmernisse bei ihnen abzuladen. Wenn ihr eines Tages einkaufen geht und es so aussieht, als liefe jeder in euch hinein, dann kann es sein, daß sie derweil bei euch abladen. Eure Einladung mag herrühren von eurem echten Verlangen, das Leiden anderer zu mindern, aber wenn ihr nicht auch die Reinheit des Instruments habt, um das Leiden zu verwandeln, dann hat eure Welt gar nichts davon. Wenn also Stimmungen auftauchen, für die ihr keine unmittelbare Erklärung findet, ist es klug, sich zu fragen, ob das unbehagliche Gefühl wirklich eures ist oder jemand anderem gehört. Lautet die Antwort: ,Nein, das ist nicht meins', dann hilft vielleicht ein energischer Befehl: Alles, was nicht euch gehört, soll verschwinden. Hilft das nicht, versucht euch vorzustellen, daß ihr unter einer Dusche aus Licht steht, die alles wegspült, was nicht in eurer Aura sein sollte.

So eine Gewohnheit, die Not anderer zu tragen, stammt vielleicht aus eurer Kindheit, wo ihr ,trainiert' habt, Friedensstifter in eurer Familie zu sein oder Spannung abzuleiten von denen, die sich um euch kümmern sollten, indem ihr euch um sie gekümmert habt. Auf diese Weise habt ihr gelernt, ein Behälter für anderer Leute Nöte zu sein. Wenn diese Erfahrungen auch durchaus ein Training dafür gewesen sein mögen, daß der Heiler in euch erweckt wird, muß eure Heilerarbeit nicht ein Nebenprodukt eines Bedürfnisses aus der Kindheit bleiben. Es mag auch manche unter euch geben, die haben sich einverstanden erklärt zu heilen, indem sie den Schmerz der anderen auf sich nehmen, doch die Idee hinter einem solchen Beruf ist nicht die, daß er gegen euer eigenes Wohlergehen arbeite.

Vielleicht, ihr Lieben, würde es euch helfen, wenn ihr euch so sehen könntet, wie ich euch sehe, nämlich als eine ganz andere Art von Behälter. Ich sehe euch als heiliges Gefäß, als eine Art Kelch, der darauf wartet, mit einer lebensspendenden Energie gefüllt zu werden, die nicht verunreinigt ist vom Eiter irgendwelcher alter Wunden. Das wird euch letzten Endes befähigen, negative Energie umzuwandeln.

Mit diesem Bild möchte ich euch auf eine Reise mitnehmen, in eine Visualisierung, in der ihr lernt, wie ihr euch wirklich von eurem Ballast befreien und die Aufgabe erfüllen könnt, die einem Kelch zukommt.

Aber zuerst müßt ihr Papier und Farbstifte hervorkramen, denn ich möchte, daß ihr eurer Kreativität die Zügel schießen laßt und einen Kelch zeichnet. Das ist keine Kunstprüfung, also bewertet euch nicht in künstlerischer Hinsicht; zeichnet einfach mit Liebe. Wenn ihr euer Bild vollendet habt, möchte ich, daß ihr als nächstes in den Kelch die Namen all derer schreibt, die ihr mit euch herumtragt. Es können Familienmitglieder sein oder Patienten. Es kann eine Nation sein oder eine vom Aussterben bedrohte Tierart. Und wem gegenüber fühlt ihr Feindseligkeit? Wer ist es, mit dem ihr „Selbstgespräche" in eurem Kopf führt? Schreibt auch diese Namen in den Kelch, denn mit Sicherheit gehören solche Unreinheiten nicht in euer Inneres.

Ist das getan, ist es Zeit, die Augen zu schließen. Habt ihr einmal in die Stille gefunden, erschafft ein Bild von euch, wie ihr Schwäche in eurem zweiten und dritten Chakra zusammen – und leert den Inhalt in den Bach. Während ihr das tut, seht, wie der Inhalt gereinigt und geläutert wird, derweil er zum Ozean neben einem Bach mit kristallklarem, heilenden Wasser steht. Könnt ihr das Geräusch des Wassers hören, mit dem es über die Steine plätschert?

Stellt euch jetzt vor, ihr zieht den Kelch aus eurem Bauch heraus – denn eure Neigung, andere zu tragen, hängt mit der heilenden Bewußtseins gespült wird. Vielleicht möchtet ihr auch den Kelch im Bach ausspülen, ebe ihr auf die Quelle zuwandert. Macht euch dann auf den Weg und sinnt darüber nach, daß ihr soeben alle, die ihr bislang mit euch herumgetragen habt, einer höheren Macht überantwortet habt. Sie geben euch jetzt nichts mehr an.

Jetzt kommt ihr an der Quelle des Bachs an. Das Wasser sprudelt aus einem Felsen hervor, und ein wunderbares Wesen, das in schimmerndem weißen Licht badet, wartet auf euch. Vielleicht erkennt ihr es. Bestimmt aber spürt ihr seine Liebe zu euch. Gebt euren Kelch diesem Wächter der Quelle, und während er ihn füllt, könnt ihr an das unerschöpfliche Reservoir hinter dem Felsen denken, dem dieser Bach mit seinem lebensspendenden Wasser entspringt.

Der Wächter der Quelle hält euch den gefüllten Kelch entgegen, damit ihr daraus trinkt. Eure Hände berühren einander. Ihr trinkt. Dabei fühlt ihr euch erneuert, wiederhergestellt, erfrischt und mit Energie gefüllt. Ihr merkt, wie alle unreinen Gedanken weggewaschen werden. Ihr spürt, wie die Stelle in eurem Körper, an der ihr einmal den Kelch beherbergt habt, von allem Leid und Schmerz der Vergangenheit geheilt wird. Und es ist ein Wunder: Egal, wieviel ihr trinkt, der Kelch bleibt immer voll.

Habt ihr genug, nimmt der Diener des Lichts seine Hände vom Kelch, und ihr stellt ihn in euer Herz, wo er weiterhin überfließt und als Quelle für euch zur Verfügung steht, wann immer ihr daraus trinken möchtet.

88

Über das Durchbrechen alter Muster

Ihr findet es schwer, euch vorzustellen, in der Zukunft einmal in einem Bewußtsein derartiger Wonne zu leben, wie es euch angekündigt wurde. Es ist sogar in eurem derzeitigen Leben schwierig für euch, im Zustand von Wohlbefinden und Freude zu bleiben. Es ist zu schön, um wahr zu sein, sagt ihr euch, und so gewiß wie nur was wird euer Saboteur aktiviert und zieht den Stecker aus eurem neu gefundenen Glück. Und so bleibt euer Leben eine Serie von Aufs und Abs.

Freude hat eine sehr hohe Schwingung, und wenn ihr nicht allzu viele längere Phasen der Freude erlebt habt, dann seid ihr, wenn sie kommt, nicht in der Lage, sie in eurem Körper auszuhalten. Würden alle eure schönsten Träume morgen wahr, würdet ihr sehr wahrscheinlich kurz darauf zusammenbrechen. Genauso, als würdet ihr eine starke elektrische Leitung an einen Stromkreis mit niedriger Voltzahl ohne Transformator anschließen – die Sicherung würde durchknallen, oder die Leitungen würden verschmoren.

Ihr Lieben, ihr merkt es nicht, aber viele von euch haben sich so daran gewöhnt, in Unzufriedenheit und Kompromiß zu leben, daß es für sie zur Norm geworden ist. Stellt euch vor, ihr macht euch zu einem langen Spaziergang auf, und gleich zu Anfang fällt euch ein Steinchen in den Schuh. Weil ihr den Schuh noch nicht ausziehen könnt, geht ihr in einer Art Schonhaltung, um den Schmerz zu vermeiden, vielleicht auf der Seite des Fußes, und so übt ihr Druck auf eine andere Körperstelle aus. Aber bis ihr am Ende eures Spaziergangs angekommen seid, habt ihr euch so daran gewöhnt, komisch zu gehen, daß es euch merkwürdig vorkommt, wenn ihr das Steinchen schließlich aus dem Schuh nehmt. Würdet ihr also morgen früh ohne auch nur eine einzige Sorge in der Welt aufwachen, mit einem von allen Verletzungen geheilten Unbewußten, dann würdet ihr euch fühlen, als fehlte etwas Bekanntes und Vertrautes in eurem Leben – so sehr seid ihr daran gewöhnt, in einem Zustand des Schmerzes zu leben.

Das Heilen dieser Gewohnheit übernimmt in erster Linie die Vorstellungskraft, das Instrument der Seele, und daran anschließend eure Arbeit mit dem Körper.

Zuerst nutzt eure Vorstellungskraft, euch an einen beliebigen Punkt in der Zukunft zu tragen, wo etwas, das ihr euch jetzt wünscht, Wirklichkeit geworden ist. Ist es zum Beispiel eine Beziehung, die ihr euch wünscht, stellt euch vor, daß eure ganze Sehnsucht und Einsamkeit Vergangenheit geworden ist. Stellt euch das Gefühl vor, in einer engagierten Beziehung zu sein. Stellt euch vor, wie ihr euren Freunden von eurem Partner erzählt, und stellt euch vor, was für ein Gefühl euch das verursacht – und empfindet dieses Gefühl, als wäre es in diesem Augenblick Wirklichkeit. Versucht, so gut ihr könnt, mit dem Gefühl zu leben, daß das, was ihr euch wünscht, jetzt schon manifest ist. Affirmiert: Ich bin jetzt mit meinem Partner zusammen – oder was immer es sein mag, das ihr euch wünscht. Denkt daran, jetzt ist der Augenblick der Schöpfung; wie ihr jetzt denkt und glaubt, so werdet ihr werden. Bleibt in diesem Gefühl, wann immer es geht. Wenn ihr das macht, werden sich die Schwingungen in eurem Körper verändern, sie werden schneller werden je nach dem Grad, in dem ihr euch diese Freude vorstellen könnt. In dem Maße, wie euer Körper sich daran gewöhnt, in Harmonie mit der Energie der Freude zu schwingen, in dem Maße können die Umstände, die diese Freude in der äußeren Welt hervorrufen, zu euch kommen. Freude zieht Freude an. Das muß so passieren, denn es ist Gesetz. Wie innen, so außen.

Jesus brachte das sehr klar zum Ausdruck. Er sagte: „Wenn ihr etwas wollt, betet dafür, und glaubt, daß ihr es schon habt, dann wird es euch gegeben werden." Nicht: es kann euch gegeben werden, wenn Gott an dem Tag gerade danach zumute ist, oder wenn ihr ein braves Mädchen oder ein artiger Junge seid – nein: Es wird euch gegeben werden. Und zu glauben, das, worum ihr bittet, sei schon für euch da, bedeutet, jetzt im Bewußtsein so zu sein, als wäre es da.

Und dann seid ihr sowieso glücklich und bereit, Gott zu erlauben, euch eure Wünsche in der Fülle der Zeit, zum richtigen Zeitpunkt zu erfüllen. Denkt daran, Gott kommt nie zu spät!

Und ganz nebenbei, wie kann etwas zu schön sein, um wahr zu sein – wenn die Wahrheit sowieso Vollkommenheit ist?

Was ist damit gemeint ...?

Wenn etwas in eurem Leben nicht klappt, ist es ratsam, nicht voreilig zu dem Schluß zu kommen, daß es zwangsläufig so gemeint war. So einfach ist das nicht.

Wenn ihr zum Beispiel euren Zug verpaßt und nicht rechtzeitig zu einer Verabredung kommt, dann denkt nicht gleich, ihr solltet den Zug verpassen. Viel wahrscheinlicher ist, daß ihr pünktlicher sein sollt.

Wenn ihr jedoch nach dem Verpassen des ersten Zuges einen späteren nehmt und dann auf einmal neben jemandem sitzt, der euer Leben verändert, dann könntet ihr mit Fug und Recht sagen, ihr solltet den ersten Zug verpassen.

Die Lektion besteht also darin, auf die langfristigen Folgen dessen zu achten, was passiert – davon könnt ihr dann ableiten, ob es so hat sein sollen oder nicht.

92

Ein Loch ist im Eimer

Darf ich sagen, ich sehe so manchen von euch als leckenden Eimer?

Es ist nicht so, als hättet ihr keine starke Energiezufuhr oder als flösse das Wasser nicht in den Eimer. Doch wenn der Eimer ein Loch im Boden hat, kann er nicht gefüllt werden. Wenn ihr Energie verliert, weil ihr zu sehr liebt, könnt ihr nicht erfüllt sein!

Der löcherige Eimer kann auch durch etwas aus der Vergangenheit entstehen, das noch ungelöst ist und das euch daran hindert, ganz im Jetzt zu leben.

Flickt das Loch, und der Eimer wird sich füllen; heilt euch selbst, und ihr könnt erfüllt sein, denn euer ganzes Wesen wird mit der Energie geladen, die Erfüllung eurer Bedürfnisse anzuziehen und im ununterbrochenen Fluß der göttlichen Gnade zu leben.

Dann werdet ihr finden, daß ihr anstatt aus Erschöpfung und Mangel heraus, wie so viele von euch es zur Zeit erleben, von eurer Überfülle geben könnt.

Erleuchtung ist Erliebung

Das letzte Glied in der Kette

Daß euer spirituelles Wachstum immer wunderbarere Dinge durch euch geschehen läßt, führt manche von euch dazu, sich Sorgen um ihr Ego zu machen und zu befürchten, sie könnten eine aufgeblasene Meinung von ihrer eigenen Wichtigkeit bekommen.

Dabei ist das einzige, was ihr im Sinn behalten müßt, daß ihr das letzte Glied in der Kette seid, wenn auch das einzige in einem menschlichen Körper — was euer höheres Selbst mit einschließt — auf deren anderer Seite sich die Gottheit befindet.

Wenn also durch euch die Gnade zu jemandem kommt und er euch dankt, dann stellt euch vor, wie ihr diesen Dank weiterleitet. Auf diese Weise werdet ihr im Sinn behalten, daß das Gute mittels eures höheren Selbst' nur durch euch hindurchgeht.

Und das Weiterleiten der Dankbarkeit hält die Kettenglieder stark.

96

Ihr seid wie ein Kristallsamen

Wenn ihr hin und wieder niedergeschlagen und verzweifelt seid wegen eures Planeten und all der Dinge, die ihm immer noch zugefügt werden, oder wenn ihr hört, wie ein Mitmensch etwas tut, das eure Empfindsamkeit verletzt, dann bedenkt das Folgende: Ihr bergt in euch die Fähigkeit, einen Bewußtseinswandel in jedermann zu bewirken! Die Krankheit der Seele oder die Krankheit im Körper jedes anderen Menschen kann durch die Kraft eures Geistes geheilt werden.

Denkt an einen kleinen Kristall und an die perfekte Ordnung seiner molekularen Struktur. Taucht ihr diesen kleinen Kristall in eine kristalline Flüssigkeit, wird er nicht irgendwie aufs Geratewohl weiterwachsen, sondern zu einer größeren Version seiner ursprünglichen, vollkommenen Form.

Ebenso wie die Flüssigkeit latenter Kristall ist, so ist alles menschliche Bewußtsein latente Erleuchtung. Könnt ihr euch selbst, ihr Lieben, als diesen Kristallsamen sehen, dann versteht ihr, daß es euch, eingebunden in die Gesellschaft wie ihr seid, möglich ist, einen Bewußtseinswandel in den Menschen in eurer Umgebung zu bewirken; daß in dem Maße, wie euer Wesen mehr und mehr von Licht durchflutet wird, die Krankheiten in jenen, deren Energiefelder ihr berührt, durch Nachbildung eurer Energie geheilt werden können.

Natürlich folgt daraus, daß es auch andersherum sein kann; eure aggressive Energie entfacht die aggressive Energie in anderen; eure negativen Erwartungen und Glaubensgrundsätze werden von anderen im Außen ausgelebt. Grundsätzlich, ihr Lieben, tanzt die Welt immer nach eurer Pfeife. Und das gilt sowohl für euer unmittelbares Leben wie auch für die Welt als Ganzes. Jede menschliche Reaktion folgt der Richtung eures Taktstocks, der wiederum der Richtung eures Glaubens folgt. Es ist eure Wahl, ob ihr ein mißtönendes Klagelied dirigieren wollt oder eine melodiöse und erhebende Symphonie.

Ihr werdet nur selten die genaue Wirkung spüren, die ihr in positivem Sinne auf andere ausüben könnt, denn ihr könnt nicht auf sie einwirken, wenn euer Motiv in der Erwartung besteht, von den Menschen, denen ihr helft, in Form von Lob und Dankbarkeit belohnt zu werden. Die Macht zur Transformation kann nur dann kommen, wenn ihr über solche Egowünsche hinausgegangen seid. Was ihr spürt, wenn ihr anfangt, eine solche Ausstrahlung zu haben, ist Lebensfreude, ein tieferes Verständnis für die Natur der bedingungslosen Liebe und davon, was es heißt, sie zu leben; ein Gefühl des Staunens über Wunder und Vollkommenheit des Ganzen; ein Herz, das vor Dankbarkeit und Lobgesang überfließt – und vor allem eine unerschütterliche Liebe zu Gott.

Also, wie kommt ihr an diesen Punkt? Laßt uns noch einmal zu dem Kristall zurückkehren. Dieses Mal würde ich gern das Bild eines Diamanten als Beispiel benutzen, denn in unseren Augen seid ihr so wertvoll wie Diamanten. Wie ihr wißt, ist ein Diamant sehr, sehr hart. Kein Mensch hat ohne Werkzeug die Kraft, seine Form zu verändern. Um in eurer Welt etwas auszurichten, wie ihr das gern würdet, ist es notwendig, daß ihr genauso stark und unbeweglich werdet in eurem Festhalten an der Wahrheit und genauso widerstandsfähig gegen Manipulation durch menschlichen Willen wie der Diamant. Ihr müßt das Licht genauso schön widerspiegeln wie ein Diamant. Kurz, ihr braucht den Mut, für eure menschliche Welt dasselbe zu sein, was ein Diamant für die mineralische Welt ist.

Jeder abgebaute Diamant ist ein latent funkelnder Edelstein. Einigen von euch widerstrebt die Idee, so stark zu leuchten, vielleicht aus Angst, daß euer Ego auf- und davonfliegt oder daß andere denken mögen, ihr hättet ein aufgeblasenes Ego. Aber, ihr Lieben, ihr seid sowieso alle Diamanten; ihr könnt der Tatsache nicht ausweichen, daß ihr euch Gott mit dem Gebet „Dein Wille geschehe“ als Rohmaterialien gegeben habt, die

98

geschnitten und geschliffen und geformt werden nach seinem Willen, damit sein Licht so schön wie möglich durch euch widergespiegelt wird. Wenn ihr euch Gott gebt, gebt ihr euch damit automatisch den Lebenserfahrungen, die er dazu benutzt, das Wesen mit all seinen vielen Facetten heranzubilden, das zu werden ihr selbst erbittet.

Ihr Lieben, das bedeutet nicht, daß ihr in eurem Beweis, ihm zu dienen, besonders auffallen müßt. Das Funkeln muß sich nicht durch eine extrovertierte Persönlichkeit offenbaren, obwohl eure Augen zweifellos mehr funkeln werden. Manche Menschen finden vielleicht, daß ihr ,eine Aura habt', doch eine solche Aura gibt sich nicht leicht zu einer Analyse her, also erliegt nicht der Versuchung, sie zu analysieren. Wir ziehen diesen Vergleich nur, um die Notwendigkeit von Stärke, Reinheit, Hingabe und vor allem Demut zu betonen auf dem Weg, wirksame Transformatoren des menschlichen Bewußtseins zu werden.

Es braucht nur einen Menschen, um eine Epidemie auszulösen, wenn das, was er überträgt, heftig und ansteckend genug ist – und es gibt nichts Ansteckenderes als die Liebe. Ihr Lieben, ich rufe jeden von euch auf, in eurer Umgebung eine Epidemie auszulösen. Fangt damit an, indem ihr alles Notwendige tut, um euer Herz und euren Sinn von aller Furcht und allem Mangel an Vertrauen zu befreien, damit ihr nicht mehr länger in der Knechtschaft der illusionären dreidimensionalen Welt lebt. Dies ist es, was Jesus meinte, als er seine Anhänger ermahnte, „in der Welt, aber nicht von ihr" zu sein. In dem Maße, wie ihr euch dann öffnet, Wunder erfahrt und spürt, wie leicht die Gnade durch euer ganzes Leben fließt, in dem Maße kann euer Herz und Sinn sich im Geist des Feierns und des Dankes verankern, und das ist schon in sich ansteckend. Aber darüber hinaus stellt sich die Liebe ein, und die Liebe liebt durch euch, und ihr liebt die Liebe wieder, und eure Liebe zur Liebe strömt in euer ganzes Wesen ein, und euer Herz kennt nur eine Antwort darauf.

Dies ist der Punkt, an dem ihr in ein Zimmer voller Menschen kommen könnt und sich die Atmosphäre daraufhin zum Besseren wendet. Dies ist der Punkt, da könnt ihr hinter einem Menschen in der Schlange stehen und sein Kopfschmerz geht weg oder seine Stimmung hebt sich, da er durch die Nähe zu eurem Wesen einen schwingungsmäßigen Auftrieb erfährt. So wird das Beste in Menschen hervorgelockt, werden bis dahin angespannte oder aggressive Situationen geheilt. So können sich Frieden und guter Wille in Gruppen von Menschen und ganzen Nationen verbreiten.

Dann werdet ihr voll und ganz die Worte des Paulus verstehen: „Und wißte ich auch alles und spräche in Engelszungen – hätte aber die Liebe nicht, so nützte das doch gar nichts."

Und das nächste Mal, wenn ihr jemanden sagen hört: „Wohin soll das mit der Welt nur gehen?" dann könnt ihr ihm mit absoluter Gewißheit sagen: „an einen wunderbaren Ort".

100

Über Hingabe und Überantwortung

„Aber ich dachte, ich **hätte** mich schon überantwortet", wird mir vielleicht jemand von euch sagen, wenn ich diese Vorgehensweise vorschlage. Schlimmer noch wird es für euch sein, wenn ihr euch überantwortet habt und ich dann sage, „Seid geduldig, ihr Lieben!" Diese Bemerkung verursacht immer eine sehr interessante Reaktion in eurem Energiefeld.

Im ersten Falle wird mir klar, daß das, was ihr überantwortet habt, euch immer noch Anlaß zu Ärger und Verdruß gibt. Der ganze Punkt des Überlassens, ihr Lieben, ist doch der, daß ihr eur Problem übergebt, damit es nicht mehr eure Sorge ist und ihr euch dann entspannen könnt. Wenn euch das Problem in den Sinn kommt, könnt ihr einfach einen Seufzer der Erleichterung ausstoßen und sagen: „Wie wunderbar, daß das nicht mehr mein Problem ist und daß Gott eine perfektere Lösung findet, als ich mir je erträumen könnte!"

Ihr habt nichts wirklich abgegeben, wenn ihr es mehr als einmal tut, genauso, wie ihr nie mehr als einmal für etwas beten müßt. Ich verspreche euch, ihr Lieben, Gott hat die Botschaft gleich beim ersten Mal bekommen. Es gibt keine feststehende Formel oder Phrase für das Abgeben, also braucht ihr euch keine Sorgen zu machen, daß ihr es vielleicht nicht richtig gemacht habt. Was zählt, ist die Aufrichtigkeit eurer Absicht.

Wenn es etwas gibt, das ihr euch sehr wünscht, und wenn ihr euren Wunsch dann an Gott abgebt, so heißt das nicht, daß ihr ihm die Verantwortung, ihn euch zu erfüllen, übergebt, wie viele von euch das zu praktizieren versuchen. Tut mir leid, ihr Lieben, aber eure Wünsche abzugeben kann ein riskantes Unternehmen sein, denn was ihr damit macht, heißt, Gott zu sagen: „Nun, das ist es, was ich gern möchte; aber wenn du mir etwas anderes geben möchtest, was du für besser hältst, oder vielleicht auch gar nichts, dann ist das auch in Ordnung."

Bevor ihr irgend etwas abgebt, sei es ein Problem oder einen Wunsch, schlage ich euch vor, ihr stellt euch das schlimmstmögliche Szenario vor, das es für euer Ego geben kann, und dann stellt euch vor, mit diesem Ergebnis zu leben. Auf diese Weise werdet ihr die Furcht vor so einem Ergebnis heilen, denn ganz sicher findet ihr durch das Imaginieren, daß die Dinge nicht so schlimm werden, wie ihr befürchtet habt. Vor allem hoffe ich, ihr kommt zu der sicheren Erkenntnis, daß nichts, aber auch gar nichts euch von der Liebe Gottes trennen kann – und was könnte mehr zählen als das? In der Tat, was könnte ein besseres Ergebnis für einen beliebigen Akt des Abgebens sein als zu dieser Wahrheit zu gelangen?

Jenen von euch, deren Angst vor Hingabe und Überantworten aus dem Bedürfnis nach Kontrolle entsteht, sage ich, seht es dann so an, daß ihr die Dinge dem Gott in euch gebt, dem allweisen, allwissenden, allliebenden Teil in euch.

Jenen von euch, die fürchten, daß Gott etwas anderes für sie möchte als sie selbst, sage ich: „Ihr werdet diese Angst verlieren!" Vielleicht ist es notwendig, euch einmal in die Knie zu zwingen, ehe ihr feststellt, daß die göttliche Weisheit weiß, wo eure wahre Freude liegt.

Hingabe, Abgeben, Überlassen – das alles muß bedingungslos sein. Es ist keine kalkulierte Entscheidung, um irgend etwas Bestimmtes herbeizuführen. Es ist ein furchtloser Glaubensakt. Es fragt nicht nach einer Garantie für die Erfüllung, und eure Ansichten über das Wie, Wo und besonders das Wann könnt ihr vergessen!

Vergeßt aber nicht, was ihr gewinnt, wenn ihr euer ganzes Leben dem Höchsten übergebt. Ihr gewinnt Herrschaft, was bedeutet, ihr tretet in eine ganz und gar mitschöpferische Beziehung zu dem Höchsten. Ihr werdet die wahre Natur der Macht nur verstehen, wenn ihr alles gelernt habt, was es zu lernen gibt über Macht. Erst dann vertraut euch die Seele so viel Macht an. Dann versteht ihr die Worte Jesu: „Aus mir selbst heraus kann ich nichts tun." Dann erlebt ihr am eigenen Leibe, daß die einzig wahre Macht die Liebe ist.

Wäre es Jesu Absicht gewesen, daß
in seinem Namen Kirchen gebaut würden, hätte er
sein Leben damit verbracht, Einweihungsschleifen zu
durchschneiden.

Oft herrscht Verwirrung über den Unterschied von Seele und Geist. Ich möchte euch gern meine Definition von diesen beiden Begriffen anbieten.

Stellt euch das Bild einer Kerze in einem einzigartig schönen, gravierten gläsernen Windlicht vor. Die Kerzenflamme ist euer Geist, der unwandelbare, ewige Teil von euch, der göttliche Funke in euch. Das gläserne Windlicht ist eure Seele; das Muster im Glas enthält die Aufzeichnung der Erfahrungen eurer Seele bis jetzt sowie die Blaupause für das noch Kommende.

Ist das Glas schmutzig, kann die Flamme nicht hindurchscheinen, wird das Licht nicht reflektiert, und ihr könnt auch das ins Glas geprägte Muster nicht deutlich erkennen. Dann säubert ihr das Glas, und je besser der Schmutzfilm entfernt wird, desto mehr Licht kann hindurchdringen und desto deutlicher kann man das Muster im Glas erkennen. Das Ziel des Glases ist, so klar zu werden, daß das Licht der Kerze von keinerlei Schmutz getrübt wird und sich das schöne Muster in seiner ganzen Fülle offenbaren kann.

Das Glas wird klar durch den Prozeß der Evolution. Das Mittel zur Reinigung ist die Energie eures höheren Selbst, der allweise, allwissende, allliebende Teil in euch. Je nachdem, wie ihr mit diesem Teil in euch schwingt und daher euren freien Willen kreativ nutzt, kann euer Licht hindurchscheinen. Wenn ihr aber nicht auf diesen Teil von euch hört und euren freien Willen auf eine Weise nutzt, der gegen das verstößt, was ihr wißt, wird das Glas fleckig.

Laßt euer Licht scheinen! Und wie ihr inzwischen wißt, bedeutet das nicht, daß ihr euch selbst verliert. Einige meiner Freunde befürchten, daß sie, wenn sie sich in diesem Ausmaß dem Licht überantworten, ihre Individualität verlieren. Das Gegenteil trifft zu. Das komplexe eingravierte Muster, das die Gesamtheit der Erfahrungen aus euren verschiedenen Leben darstellt, zeichnet sich sogar noch deutlicher ab. Viele schwer errungene Medaillen für gelernte Lektionen finden sich darin. Ihr habt gelitten, um zu dem wunderbaren Wesen zu werden, das ihr jetzt seid – also warum sollte eine solche Prägung ausgelöscht werden. Schätzt dieses reiche Muster und freut euch daran. Ihr fühlt oder seht es vielleicht nicht selbst – genauso, wie wenn ihr ein wunderschönes buntes Fenster von außen seht und nichts erkennt. Erst wenn ihr es von innen gegen das Licht seht, staunt ihr über seine Schönheit.

Ihr Lieben, wenn wir weiter in diesem Bild bleiben, so wird jedes Stückchen des bunten Fensters zu einem Stückchen gewonnener Weisheit, einer gelernten Lektion, zu einem Akt liebevoller Freundlichkeit. In seiner Gesamtheit erzählt es die Geschichte eurer Geburten, Leidenschaften, eurer Tage in der Wüste, eurer Martyrien, eures Verrats, eurer Lebenszeiten des Dienens, eurer Kreuzigungen und – was noch vor euch liegt – eurer Himmelfahrt.

O ja, geliebte Freunde, es ist alles da, und wir Glücklichen in der Welt des Lichts erleben die Freude, nur das von euch zu sehen. Stellt euch vor, ihr könntet jeden Tag durch eure schönsten Kathedralen schlendern mit der Sonne, die durch die Fenster hineinscheint – dann wißt ihr, wie es uns geht, wenn wir zu euch kommen.

Kannst du mir sagen, wie ich einen besseren Kontakt zu meinen Führern herstellen kann?

Das möchte ich lieber nicht tun! Ich muß gestehen, ich bin nicht sonderlich interessiert an Führern, obwohl ich selbst einer bin. Außerdem glaube ich nicht, daß ich euch damit einen großen Dienst erweisen würde. Ihr braucht nicht mit ihnen in Kontakt zu stehen. Ihr braucht nur zu wissen, daß sie da sind, daß sie euch helfen und leiten und daß ihr nie allein seid. Die derzeitige Führermanie birgt die Gefahr, vom wahren Pfad abzulenken, denn unser Verhältnis zu euch ist nur ein ärmlicher Ersatz für das, was ihr mit eurem inneren Führer herstellen müßt. Ihr täter viel besser daran, eure Energie in den Weg zur Einheit mit ihrer Quelle der Liebe und Weisheit– wie immer ihr es nennen wollt– zu stecken, als euch darum Sorgen zu machen, wer euch dabei unterstützt. Während ihr diesen Kurs verfolgt, sind wir da und halten das Seil für euch, bis ihr imstande seid, auf eigenen Füßen zu stehen.

Was ich euch wünsche, ist, daß ihr darin so gut seid, daß ihr an den Punkt kommt, an dem ihr euren Führern sagen könnt: „Nun, liebe Herrschaften, es war wunderbar, euch kennenzulernen, wer immer ihr seid, aber jetzt brauche ich euch nicht mehr!" Dann werden wir, eure Führer, frei sein, im Dienste der Menschheit auf höhere Ebenen zu gehen, und ihr könnt unsere Aufgaben auf der Erde übernehmen. Würde euch das nicht gefallen, selbst Führer zu sein, jedoch in einem physischen Körper? Wenn ihr den Kontakt mit dieser ‚leisen, kleinen Stimme im Innern' herstellen könnt, habt ihr Zugang zu ebenso viel Weisheit, Wissen und Liebe wie jeder andere Führer auch, vielleicht sogar noch mehr. Und in den kommenden Jahren, wenn der Druck auf das menschliche Bewußtsein es zwingt, sich zu transformieren, werden so viele verwirrte und ängstliche Menschen da sein, die diese

Art Hilfe von einem Mitmenschen suchen. Nicht jeder wird an ein altes Gespenst wie mich glauben, aber vielleicht freut er sich in Zeiten der Not sehr über eure liebevolle physische Gegenwart, läßt sich inspirieren von dem Beweis, den ihr für die Möglichkeit erbringt, so viel Liebe zu verkörpern, und wird dadurch geheilt. Diese Aufgabe stellt für viele von euch die größere Bestimmung in eurem Leben dar, und als jemand, der sie bereits erfüllt hat, kann ich sie nur wärmstens empfehlen. Und ich sehne mich auch danach, überflüssig zu werden.

Was würdest du jenen empfehlen, die bereits in Kontakt mit Führern sind? Sollen sie sie einfach vergessen?

Nein, keineswegs. Es ist vielleicht tatsächlich die gewählte Aufgabe dieses Menschen, als Instrument zu handeln. Aber es besteht die Gefahr der Faulheit oder Selbstzufriedenheit, sobald das Verhältnis mit einem Führer fruchtbar ist oder ein anderes psychologisches Bedürfnis erfüllt. Weitere Schritte auf dem Pfad spirituellen Wachstums zu unternehmen, kann dazu führen, diese Beziehung aufzugeben, genau wie dies auch mit manchen eurer menschlichen Beziehungen der Fall ist, oder es wird zumindest eine Veränderung ihrer Dynamik herbeiführen. Denkt daran, mit einem Führer kommunizieren zu können, ist in sich selbst kein Maßstab für Evolution – ebensowenig wie die Fähigkeit einer körperlosen Wesenheit, mit euch zu kommunizieren, Maßstab ist für ihre spirituelle Glaubwürdigkeit.

Unglücklicherweise kann ein gewisser Reiz von einem Führer ausgehen oder gar Rivalität zwischen ihnen herrschen. Aus diesem Grund beantworte ich in der Regel Fragen bezüglich der Identität von Führern nicht, denn für uns in der Geistwelt existieren Namen nicht in derselben Weise wie bei euch auf der Erde. Wenn ich mich von meinem Instrument zurückziehe, bin ich nicht mehr White Bull. Stell dir weiter vor, du würdest mich nach der Identität deines Führers fragen, und ich würde dir sagen, es sei ein ägyptischer Hoherpriester – dann wärst du doch ziemlich gebauchpinselt.

Wenn mir dann aber ein Freund von dir dieselbe Frage stellte, und ich würde ihm sagen, sein Führer sei ein chinesischer Bauer, so würde er ausrufen: „Aber das ist unfair! Deiner ist ein ägyptischer Hoherpriester und meiner nur ein Bauer!" Was ich deinem Freund aber vielleicht nicht sagte, ist, daß dieser Bauer in einem anderen Leben ein ägyptischer Pharao war. Da seht ihr also, die Identität eines Führers ist absolut bedeutungslos; sie repräsentiert, wie mein Name, nur eine von zahllosen Inkarnationen, die der Führer auf der Erde hatte. Zu euch komme ich unter dem Namen White Bull nur, weil das mein Name in meinem letzten Leben war und ich irgendeine Identität brauche, um mich mit euch in Verbindung zu setzen. In Wirklichkeit könnt ihr mich nennen, wie ihr wollt. Welchen Namen auch immer ihr mir gebt, meine Botschaft würde sich dadurch nicht ändern.

Es sieht so aus, als schwirrten da reichlich viele indianische Führer herum. Wie kommt das?

Ja, ich weiß, wir sind in Mode gekommen, und jetzt kommen wir allmählich wieder aus der Mode. Wenn ich das richtig sehe, dann müßt ihr heute, wenn ihr wirklich ‚in' sein wollt, einen Außerirdischen zum Führer haben.

Wie ich schon sagte, ich wollte nur, daß man mich unter dem Namen White Bull kennenlernt, weil das meine letzte Inkarnation war, nicht weil sie die bemerkenswerteste war, was menschliche Leistung und Meisterschaft betrifft. Ihr werdet aber bemerkt haben, daß ich meine Lehren nicht lediglich auf die Philosophie der eingeborenen Amerikaner beschränke, obwohl ich mich auf Weisheiten beziehe, die ich sowohl aus dieser Inkarnation wie auch aus anderen habe.

Und es gibt eine Menge, was eure Zivilisation von der Anschauung der Indianer lernen kann, viel, was dringend gebraucht wird, um zur Herstellung des Gleichgewichts eures Planeten beizutragen. Und ich hoffe, daß die Identität von White Bull zumindest eine Erinnerungshilfe dafür sein wird. Man muß aber auch eine Auswahl treffen im Hinblick auf das, was angemessen und geeignet ist, um von meinem Volk in eure Lebensart übersetzt zu werden.

Ich würde euch ans Herz legen, eine kleine Studie über die eingeborenen Völker zu machen, wie zum Beispiel die Aborigines in Australien oder die Buschmänner in Afrika, und zwar insbesondere in Hinsicht auf ihr Verständnis von der Beziehung des Menschen zu Mutter Erde, vom Respekt für jegliche göttliche Schöpfung, und wie man in Harmonie mit seiner Umwelt lebt. Das ist es, was ihr jetzt am dringendsten braucht, und die Grundsätze, die für diese Rassen galten, sind in dieser Hinsicht heute kein bißchen weniger gültig. Aber bitte laßt es nicht dazu kommen, daß diese Studie euch dazu führt, den Untergang solcher Zivilisationen der Vergangenheit zu betrauern oder Zorn heraufzubeschwören angesichts der scheinbaren Ungerechtigkeit, die diesen Völkern zugefügt worden ist. Sich so zu verhalten hieße, die Völker von der Vollkommenheit der göttlichen Ordnung abzuschneiden und selbst am Unbehagen von Bewertungen wie auch an vergangenen Zeiten festzuhalten. Nichts ist verloren. Stellt auch keine vergangene Kultur auf einen Sockel. Wenn ich meine ganzen Leben auf der Erde so durchsehe, treibt es mir die Röte ins Gesicht darüber, was ich so alles angestellt habe – selbst als White Bull. Es war so weit entfernt von der Wahrheit. Es mag vieles gegeben haben, was beeindruckend war am Alten Ägypten zum Beispiel oder an der MayaKultur, doch falls einige von euch damals da waren, so kann ich euch versichern, daß ihr heute unendlich viel weiter seid als damals. Vielleicht hatten diese Zivilisationen Zugang zu einem Wissen, das heute verloren ist, aber sie waren nicht sehr auf das Herz hin ausgerichtet. Ihr, liebe Freunde, habt Liebe, und das dient euch in eurem jetzigen Leben weitaus mehr als das Rätsel der Sphinx zu lösen oder euch den Kopf um die esoterische Bedeutung der Pyramiden zu zerbrechen.

Ihr müßt euch darüber im klaren sein, ihr Lieben: Nur weil ein Geist in einer Welt jenseits eurer physischen lebt, macht ihn das nicht automatisch zu einem Quell an Weisheit, dem ihr Aufmerksamkeit schenken solltet, gleichgültig welchen Namen er trägt. Darf ich sagen, daß einige von euch ein bißchen hochnäsig sind wegen der Geister, mit denen sie in Kontakt stehen? Ihr schluckt die Botschaft tatsächlich mit Stumpf und Stiel, allein wegen des Namen des Botschafters. Aber genauso, wie es manche Menschen gibt, die liebend gern einen Tag lang die Rolle eines Königs spielen würden, hätten sie nur die Möglichkeit dazu, genauso gibt es einige Wesen im Geist mit einem Identitätsproblem, die sich mit Wonne auf die Chance stürzen würden, eine Stunde lang Napoleon oder E.T. zu sein, ganz zu schweigen von einer biblischen Figur. Ja, es gibt das Ego auch in der astralen Welt.

Ich sage euch das, ihr Lieben, um euch daran zu erinnern, daß es die Botschaft ist, die zählt, nicht der Botschafter. Je erhabener die Quelle der Botschaft, desto mehr muß geprüft werden, ob sie ‚von Gott‘ ist.

Eine Botschaft, die von einem Ort der Wahrheit und Liebe kommt, wird keine Angst heraufbeschwören durch Prophezeiungen von Untergang und Schwermut, weil ‚vollkommene Liebe die Angst austreibt‘. Ein wirklicher Botschafter Gottes wird euch ‚die gute Nachricht‘ bringen, die euch aufrichtet, die euch mit Kraft ausstattet und euch überzeugt von eurer Fähigkeit, im Kontakt zu sein mit eurem göttlichen Selbst. Sie wird euch nicht den Treueid abverlangen oder euch in Allüren führen, die euch auf andere herabsehen lassen, denn Gott liebt alle gleich und möchte, daß alle aufsteigen — wenn möglich, jetzt. ‚Die gute Nachricht‘ wird nie euer Ego streicheln, sondern euch Mut machen, und ihr werdet spüren, daß ihr in den Tiefen eures Wesens erkannt werdet, wo das herrliche, liebevolle Selbst wohnt.

110

Eine wahre Quelle wird nicht danach trachten, euch euer göttliches Recht zu rauben, euch eure eigene Realität zu erschaffen, indem sie euch Vorhersagen macht, die sich nicht mit der Erfüllung eures größten Potentials decken. Eine wahre Quelle wird euch die Tatsache widerspiegeln, daß ihr schon vollkommen seid, wie ihr jetzt gerade seid, selbst wenn ihr euer größtes Potential nicht erfüllt.

In der Kommunikation mit einer wahren Quelle werdet ihr nicht allein mit Worten gefüttert; tiefer als alle verbale Sprache geht die Sprache der Liebe. Laßt die Liebe für sich selbst sprechen.

Und es ist wahr, daß viele große Meister die Menschheit durch menschliche Instrumente zu erreichen versuchen, einschließlich eurer Heiligen und Christus selbst. Aber wenn ihr zum Beispiel eingeladen würdet, eine Lesung zu hören, die ein Meister durch einen Menschen channelt, so würdet ihr doch nur einen Teil seiner Energie erfahren. Denn um die ganze Energie eines Meisters channeln zu können, müßte der Mensch selbst die Energie eines Meisters besitzen. Und worin läge dann der Sinn, etwas anderes als seine eigene Kraft zu channeln?

Es gibt Lichtarbeiter, die von der Geistwelt aus für die Menschheit arbeiten und die nicht in euren Geschichtsbüchern vertreten sind, zumindest nicht unter der Identität, unter der ihr sie kennt – jeder ein Niemand ohne Körper! Doch darum muß ihre Botschaft keineswegs von geringerer Bedeutung sein.

Vergeßt auch nicht die Arbeit, die zu eurer Hilfe stattfindet, und die ihr nie merkt, weil sie im Stillen verrichtet wird. Zahllose Wesen helfen euch, liebe Freunde auf der Erde, das gelobte Land zu erreichen. Sie führen euch aus dem Exil im Land von Furcht und Mangel und Getrenntheit in den Zustand vom Himmel auf Erden. Sie suchen keinerlei Anerkennung; sie dienen um des Dienens willen und weil sie euch mehr lieben, als ein Mensch mit Kopf und Herz je verstehen kann. Ihre Belohnung liegt in der Freude, die sie darin finden.

Und so geschieht es auf der Erde, daß manche von euch in einem Leben des Dienens zu einer Position mit Bekanntheitsgrad geführt werden, während die Arbeit anderer sich auf den Nebenstraßen des Lebens abspielt. Doch gewinnt der, der berühmt wird, nicht mehr spirituelle Blumentöpfe als der, der im Hintergrund dient. Der Geist, in dem der Dienst getan wird, bringt die Belohnung, und genau wie der Berühmte Gefahr läuft, sich für wichtig zu halten, läuft der Unbekannte Gefahr, einer falschen Bescheidenheit zu erliegen. Keines von beidem spiegelt authentische Macht.

Noch mehr von euch wissen wenig vom Dienen; aber was für eine wunderbare Überraschung erwartet solche Freunde, wenn sie in der Geistwelt ankommen und sie das Leben Revue passieren lassen können, das sie gerade vollendet haben.

Stellt euch mal die Szene vor! Einer von euch kommt in der Geistwelt an, und einer der Meister des Karma fragt uns: „Wer möchte diesem Lieben helfen, sein Leben noch einmal anzuschauen?" Und alle unsere Finger schießen in die Höhe, um seine Aufmerksamkeit zu erhaschen, und jeder ruft: „Ich, bitte! Bitte, Sir, ich!" Und der Grund, warum wir diesen Job so lieben, ist der, daß wir die Freude und Überraschung miterleben wollen, wenn ihr ent-deckt, daß ein Leben, von dem ihr dachtet, ihr hättet darin nichts vollbracht, in Wirklichkeit voller kleiner Handlungen war, die euch so selbstverständlich von der Hand gingen, daß ihr sie nicht einmal als Dienen empfunden habt – Handlungen aus spontaner Freund-lichkeit mit der reinsten Liebe, die ihr überhaupt haben könnt.

Und die Moral von der Geschichte'; Es ist nicht eure Sache, auch nur damit anzufangen, euren eigenen Beitrag oder den eines ande-ren zu beurteilen, denn es gibt keinen menschlichen Maßstab dafür. Macht einfach weiter euer Bestes aus den Gaben, die ihr besitzt. Mit diesen Gaben gibt es nichts, das zu hoch wäre, als daß ihr es nicht erreichen könntet, und keine Aufgabe ist zu gering und niedrig, als daß sie euch nicht, im rechten Geiste ausgeführt, zu derselben Höhe führen könnte.

Über Prophezeiungen

In diesen Zeiten werdet ihr bombardiert mit vielen verschiedenen Prophezeiungen, die sich auf die Zukunft der Menschheit und eures Planeten beziehen.

Ich möchte euch daran erinnern, daß eine der ältesten Prophezeiungen besagte, es werde viele falsche Propheten geben, und seit dieser Prophezeiung hat es noch nie eine Zeit gegeben, für die diese Aussage mehr gegolten hätte als die heutige.

Wir sehen die Verwirrung von vielen von euch, nicht nur, weil manche Prophezeiungen einander widersprechen, sondern auch, weil ihr die Folgen fürchtet, die eine Mißachtung der Warnungen angeblich mit sich bringt.

Unter den vielen Vorhersagen, die euch derzeit aus der Geistwelt gechannelt werden, sind manche unwahr oder Verzerrungen der Wahrheit.

Versteht bitte, ihr Lieben, daß die Methoden, die für Geistwesen wie mich zur Verfügung stehen, immer unzureichende Mittel der Kommunikation sind, aber zur Zeit gibt es keine andere Möglichkeit. Unsere Arbeit mit euch ist eine Entwicklung in der Beziehung zwischen unseren beiden Welten, die vor ein paar Jahrzehnten begann mit dem, was ihr die spiritualistische Bewegung nennt. Im Laufe der Zeit ist ein verfeinerter, aber weniger aufsehenerregender Kontakt zwischen uns entstanden. Ihr braucht nicht mehr das Theater eines physischen Mediums, wie z.B. die Verwandlung der äußeren Erscheinung und die ektoplastische Manifestation, um euch vom Vorhandensein der Geistwelt zu überzeugen, wenn wir auch eine gesunde Skepsis ermuntern, wenn ihr Geister wie mich trefft. Leichtgläubigkeit ist für astrale Wesen, was der Geruch von Blut für einen Hai ist. Menschliche Instrumente, die genügend Objektivität, Demut und spirituelle Gesundheit aufrecht erhalten können, um stets der vollkommene Kanal zu sein, sind selten.

Ihr Lieben, wir möchten, daß ihr aus den Lehren, die wir euch bringen, Gutes zieht – aber ebenso wünschen wir uns, daß ihr die Lektionen der Unterscheidungskraft lernt bei der Wahl dessen, was aus dem Wust gechannelter Information für euch wahr ist.

Was wir uns aber am meisten wünschen, ist, daß eure Evolutionsreise euch an einen Ort derartigen Vertrauens auf eure innere Stimme bringt, daß ihr euch allein auf sie verlaßt. Sie allein soll euch die benötigten Informationen geben, damit ihr ohne Angst vor der Zukunft voll im Jetzt leben könnt. Laßt euch spontan von ihr leiten, in jeder Minute des Tages. Das ist die perfekte Kommunikation. Wie Paulus es in seiner Hymne an die Liebe sagte: „Wenn das Vollkommene kommt, wird es das Unvollkommene ablösen." Dann kann ich aufhören zu arbeiten und Rente beziehen! Und ihr könnt dieses und jedes andere Buch, das ihr habt, wegwerfen!

Bis diese innere Verbindung gemacht ist, und solange ihr noch mit meinesgleichen Vorlieb nehmen müßt, lernt die Gabe der Unterscheidung. Eine der besten Möglichkeiten ist euer Körper.

Euer Körper kann nicht lügen. Ihr könnt ihn leicht darin schulen, auf dieselbe Weise auf Wahrheit zu reagieren, wie er jetzt nach einer Phase der Anspannung auf eine gute Nachricht reagiert. Dann will die Lunge mehr Luft einatmen, euer ganzes Wesen die Lebenskraft aufnehmen – in diesem Augenblick ist das Leben vollkommen. Die Wahrheit ist auch vollkommen. Vielleicht findet ihr, wie euer Rücken gerader wird und euer Kopf sich hebt – ihr werdet nach oben gezogen und fühlt euch, als schwebtet ihr zwischen Himmel und Erde, würdet getragen. Oder ihr fühlt ein Kribbeln, oder bekommt eine Gänsehaut. Diese Signale kommen vom Körper und künden von der Wahrheit dessen, was ihr lest oder hört.

Vielleicht fühlt ihr das nur bei einem einzigen Satz in einem ganzen Buch, vielleicht auch beim gesamten Inhalt. Wie auch immer, macht euch nichts daraus, alles abzulehnen, was nicht als Wahrheit in euch ‚klingelt'.

Wenn ihr das könnt, seid ihr sicher, nicht auf irgendeine New-Age-Mode abzufahren. Statt dessen zeichnet ihr euren eigenen Weg und kommt näher an jenen Ort authentischer Macht, wo alles in euch in herrlicher Harmonie mit der Wahrheit singt.

115

Wir, eure Führer und Engel und Geliebten in der Welt des Lichts, sehen viele bekümmerte Herzen in unseren Freunden auf der Erde – bekümmert, wenn ihr über die Konsequenzen einiger der für euren Planeten gemachten Prophezeiungen nachdenkt.

Besondere Sorge macht vielen von euch die Interpretation, die eine frühere Kultur im Hinblick auf den Kalender lieferte, weil sie nicht weiter als bis zum ersten Jahrzehnt des dritten Jahrtausends sehen konnte. Man hat daraus abgeleitet, daß es das Leben auf der Erde, so wie ihr es kennt, danach nicht mehr geben wird, und daß nur eine Gruppe von Auserwählten, die sich an die New-Age-Glaubenssätze halten, gerettet werden, um in die neue Ordnung geboren zu werden.

Ihr Lieben, wenn einer von euch glaubt, er gehöre zu jenen, die gerettet werden, dann wird es ihn ziemlich enttäuschen zu erfahren, daß derselbe Glaube auch bei etlichen anderen Glaubenssystemen gilt. Wie würdest du dich fühlen, wenn du deinen Flecken mit ein paar christlichen und islamischen Fundis teilen müßtest? All die Probleme, um deren Lösung willen die Veränderungen doch gerade startfinden sollten, würden von neuem beginnen; keine Rede von der herrlichen menschlichen Bruderschaft, nach deren Gründung ihr euch so leidenschaftlich sehnt, vielmehr dieselben alten Spaltungen und Konflikte. Laßt mich auch sagen, daß die Vermutung, selbst zu den Auserwählten zu gehören, auf ein gehöriges Quentchen Eingebildetheit hinweist, als wüßtet ihr, daß euer Weg der richtige ist.

Ein Bewußtseinswandel in die fünfte Dimension mag nun zwar in der Tat als ein Wechsel der Polarität interpretiert werden, doch muß sich das nicht auf die Erdachse beziehen, wie es vorhergesagt worden ist. Könnte es nicht ebenso gut eine Neuorientierung im menschlichen Denken sein? Genauso, wie es in eurem derzeitigen Verständnis zwei Nordpole gibt, einen geographischen und einen magnetischen, so ist die Menschheit gespalten in ihrer Loyalität gegenüber falschen Göttern und der Wahrheit. Mit dem Wechsel in die fünfte Dimension kommt sicherlich auch die Polarisierung des menschlichen Herzens in der Ausrichtung auf eine absolute Wahrheit und damit weg von der Vielzahl an Wahrheiten, die das Leben auf der Erde zur Zeit regieren.

Ihr Lieben, ich möchte, daß ihr auch das folgende wißt. Die von dieser Prophezeiung vermutete Zerstörung verbläßt zur Bedeutungslosigkeit angesichts dessen, was schon passiert wäre durch eure Verrücktheiten, wäre nicht der nicht-physische Bereich eingeschritten. Zahlreiche ‚Unglücksfälle‘ der Menschheit, größer als irgendetwas, das die Erde auf natürliche Weise hervorbringen könnte, werden täglich von uns abgeleitet. Es wäre keine Affäre für uns, die Auswirkungen einer Atombombe augenblicklich zu neutralisieren. Ich sage euch das nicht, um eure Aufmerksamkeit zu erregen oder um uns auf die Schulter zu klopfen oder euch zu schelten – ich sage das, damit ihr wißt, daß ihr nicht allein arbeitet an diesem herrlichen Projekt der Transformation auf der Erde, und daß der euch angebotene Schutz sich nicht allein auf Individuen bezieht, sondern auf das Ganze. Die Wunder, die sich tagtäglich ereignen, werden meist gar nicht von euch bemerkt; außer wenn ihr gelegentlich mal beiläufig sagt: „Ist es nicht ein Wunder, daß das und das nie passiert ist?" oder wenn ihr einen Satz beginnt mit „Es ist unglaublich… " oder „Erstaunlich…"

Ich kann nicht leugnen, daß ihr sehr wohl an den Rand der Selbstzerstörung kommen könntet, daß die Zeiger auf elf Uhr neunundfünfzig rücken mögen – aber warum sollte Gottes großer Moment dann früher kommen?

Und wer, glaubt ihr, hat seinen Finger wirklich auf dem Drücker?

117

Viele der für euren Planeten gemachten Vorhersagen für die kommenden Jahre beinhalten die zunehmende Häufigkeit von Erdbeben und anderen Naturkatastrophen.

Ich mag das Wort Katastrophe nicht, weil es Angst heraufbeschwört. Ich finde, es sollte aus eurem Wortschatz gestrichen werden. Was ist denn eigentlich so katastrophal daran, wenn jemand seinen Körper verläßt – und wenn er das dann gern in ein Erdbeben oder eine Flut legt, zusammen mit anderen – ist das nun schlechter, als wenn er dafür eine Krankheit oder einen Autounfall wählt? Bis zu dem Zeitpunkt, da jeder die Bewußtseinsebene erreicht hat, wo der Tod eine bewußte Entscheidung wird, wird es weiterhin eine große Auswahl an Möglichkeiten geben, den physischen Körper zu verlassen, einschließlich der durch ,Katastrophen'.

Ihr Lieben, denkt doch mal, um wieviel schöner es sein wird, wenn ihr den von euch geliebten Menschen mit Frieden im Herzen ankündigen könnt, daß für euch die Zeit gekommen ist, euren Körper zu verlassen. Dann gibt es kein Trauern mehr, weil ihr alle die Illusion durchschaut habt, daß der Tod Trennung erzeugt; statt dessen gibt es nur noch ein Feiern. Könntet ihr euch doch nur daran erinnern, wie es war, geboren zu werden, dann würdet ihr verstehen, daß Sterben im Vergleich dazu ein Kinderspiel ist.

Und was die Erdbeben angeht: ihr denkt euch überhaupt nichts dabei, wenn ihr euren Körper mal so richtig streckt, weil er verspannt ist. Erdbeben sind nichts anderes für Mutter Erde als ihre Verspannungen ein bißchen loszuwerden. Sie hat das immer so gemacht, und sie wird das auch weiterhin tun. Wenn es so aussieht, als täte sie es nun regelmäßiger, so ist es vielleicht angebracht, euch mal eure eigene Spannung anzusehen. Ich bin sicher, ihr stimmt mir zu, wenn ich sage, daß es in eurer modernen Welt viel mehr Stress gibt als selbst noch vor hundert Jahren. Wohin bewegt sich dieser

Stress? Als Baby habt ihr euren Stress in den Körper eurer Mutter abgeleitet, wenn sie euch im Arm hielt; Säuglinge, die auf dem Arm gehalten werden, sind immer entspannt und lassen die Seele baumeln. Heute wird so viel Anspannung in eure Mutter Erde abgeleitet.

Vergeßt nicht, ihr Lieben, daß euer Planet ein lebendiger, atmender Organismus ist, genau wie euer eigener Körper. Ihr denkt euch nichts dabei, eure Regenwälder als die Lungen der Mutter Erde zu bezeichnen, eure Flüsse als ihre Adern, aber ihr könnt noch viel weiter gehen, wenn ihr wirklich versteht, wie sie euch die Gesundheit oder Krankheit des kollektiven menschlichen Bewußtseins widerspiegelt. Da wimmelt's von Metaphern. Im Moment bleibe ich mal bei den Erdbeben.

Ich möchte euch vorschlagen, daß die Erdbeben, wie sie von Propheten gesehen werden, Symbol sind für etwas anderes. Sie sind nicht nur ein Mittel der Erde, sich mal tüchtig zu strecken; darüber hinaus versetzen sie den Menschen, die in der umliegenden Gegend leben, einen ordentlichen Ruck! Ihre Fundamente werden erschüttert! Unvermeidlich, werdet ihr sagen; was erwarten sie denn?

Als Jesus sein Gleichnis erzählte von dem Mann, der sein Haus auf Sand baute, und dem Mann, der sein Haus auf einen Felsen setzte, da hätte er sehr wohl den Mann hinzufügen können, der sein Haus auf eine Verwerfungslinie setzte. Als das Erdbeben kam, stürzte das Haus ein, weil die Fundamente nicht einwandfrei waren.

Ich lege euch nahe, ihr lieben Freunde, daß die für die kommenden Jahre prophezeiten Erdbeben sich nicht so sehr auf die Erde beziehen, wie ihr das erwartet, sondern vielmehr auf eine gründliche Erschütterung der Fundamente jener, deren Leben sich nicht auf Wahrheit gründet.

Ihr baut euer Leben auf eurer Beziehung zur äußeren materiellen Welt auf. Wenn euer Selbst sich darauf gründet, wieviel Geld ihr verdient, wie ihr ausseht, wie groß euer Haus ist, dann bedeutet das, daß eure Fundamente auf eine Verwerfungslinie gesetzt sind. Wenn das Erdbeben kommt, müßt ihr darauf gefaßt sein, daß alles zusammenbricht.

Dieses Erdbeben mag sich in eurem persönlichen Leben abspielen und sich nur auf euch selbst beziehen, es kann aber auch viele Menschen mit einbeziehen. Eure Finanz- und Geschäftswelt zum Beispiel ist durchzogen von Verwerfungslinien. Und wenn die in gewissen Kreisen schon bekannten Tatsachen darüber, was sich in eurem Gelobten Land vor zweitausend Jahren wirklich abspielte, offengelegt werden – und das wird geschehen –, dann könnt ihr ein größeres Erdbeben erleben, das eure christliche Religion durchschüttelt. Viele Menschen werden erleben, wie ihnen der Boden unter den Füßen weggezogen wird. Dann müßt ihr, die ihr schon in der Wahrheit lebt, fest auf dem Boden stehen, damit diejenigen, die erschüttert worden sind, sie sofort erkennen und dadurch gerettet werden. Die Wahrheit, wie sie euch enthüllt wurde, wird sie frei machen. Ihr werdet sie aus dem Exil führen, aus dem Land der Furcht vor Bewertung in das Land der Verheißung der Einheit mit Vater/Mutter Gott. Hört sich das nicht wie eine wunderbare Aufgabe an?

Versteht, ihr Lieben, daß all das passieren wird als Ergebnis der Lichtkräfte, die heute auf euren Planeten scheinen. Nichts von dem, was kommen muß, soll euch Schaden bringen, es soll euch nur frei machen, und ihr habt dem in eurer Seele bereits zugestimmt, indem ihr euch entschieden habt, euch in dieser Zeit zu inkarnieren.

Jene Freunde, die einem unvermeidlichen Wandel des Bewußtseins auf festeren Grund Widerstand leisten, sind diejenigen, die die traumatischsten Erdbeben erleben werden. Wenn ihr jemanden kennt oder von jemandem hört, der eine Erfahrung des Verlusts durchmacht – sei es der Verlust seiner Arbeit, von Geld, Macht oder Status verliert – so beurteilt seine mißliche Lage nicht als verkehrt oder ungerecht. Vor allem seht ihn nicht als Opfer negativer Kräfte. Habt natürlich unendliches Mitgefühl für ihn – aber feiert auch das offensichtliche Zeichen der Gnade, die in seinem Leben wirkt, um die Schwäche seiner Fundamente aufzuzeigen, damit er eine Chance hat, sein Leben auf den Grundfesten der Wahrheit zu errichten. Und zweifelt nicht daran: diese Chance ist ihm gegeben, wenn er sie ergreifen will.

Diejenigen, die sich dem Pfad spirituellen Wachstums verschrieben haben, müssen sich ebenfalls auf das gelegentliche Erzittern in ihrem Leben gefaßt machen. Leiden steht nicht im Widerspruch mit dem spirituellen Weg; es ist ein Durchgang zur Freiheit vom bereits vorhandenen Leiden, das Anlaß zum Anbeten äußerer, falscher Götter gab. Leiden auf dem Weg kann auch eine Prüfung des Glaubens bedeuten. Fangt ihr an, Gottes Dasein zu bezweifeln, sobald die Dinge nicht mehr laufen, wie ihr wollt? Meint ihr es wirklich, wenn ihr betet: „Dein Wille geschehe"?

Warum ist Aids über die Menschheit hereingebrochen?

Es gibt so viele Gründe für Aids wie es Menschen gibt, die daran erkrankt sind. Allgemein gesprochen, würde ich jedoch folgendes sagen: ein Punkt von Aids ist der, daß es nicht darauf ankommt, wie man es bekommt oder wer es sich einfängt, sondern die Tatsache, daß eine Krankheit aufgetreten ist, die die Schulmedizin für unheilbar hält. Selbstverständlich wird jeder mitfühlende Mensch wollen, daß eine Heilung gefunden wird, doch das wird am eigentlichen Grund nichts ändern, weil unausweichlich eine andere Krankheit auftreten wird, die eine noch größere Bedrohung darstellt und noch schwerer zu heilen ist. Die Botschaft von Aids und allen anderen Krankheiten, die das Immunsystem betreffen, ist ein Ruf an die Menschheit, ihren Sinn für das Selbst durch ihre Beziehung mit der Quelle zu stärken, den einzig wahren Ort der Sicherheit und, da die Materie dem Gedanken folgt, der Unterstützung der körperlichen Abwehrkräfte. Wenn die Menschheit dem nicht nachkommt, wird Mutter Natur ihn mit noch seltsameren Krankheiten konfrontieren, die sich für immer dem Verständnis von Ärzten und Wissenschaftlern entziehen.

Es versteht sich von selbst, daß ihr nicht ein gesünderes Verhältnis mit eurer Quelle haben könnt, ohne eine größere Aufmerksamkeit für eure Umwelt, euren physischen Körper und die sie jeweils regelnden Naturgesetze zu entwickeln. Der Grundsatz , wie innen so außen', kann dann anfangen, sich in eurem Leben zu zeigen, sowohl in eurem persönlichen Leben als auch in der menschlichen Gemeinschaft insgesamt.

Wenn ihr euch natürlich jene anschaut, die in eurer westlichen Gesellschaft unverkennbar von Aids befallen sind, findet ihr ein perfektes Beispiel dafür, wie eine Erfahrung des Getrenntseins einer Krankheit Vorschub leistet. Irgendwo in der Psyche zahlloser Homosexueller wohnt der von längst überholten Moralvorstellungen auferlegte Glaube, sie seien in den Augen der Mehrheit der Gesellschaft zumindest unvollkommen und schlimmstenfalls von Gottes Liebe abgeschnitten. Ähnlich wie die Drogenabhängigen und andere Unterdrückte. All diese Gruppen sind negativen Beurteilungen unterworfen. Es liegt eine grausame Ironie darin, daß die Handlungen solcher Seelen, die aus ihrem Schmerz als Mittel entstehen, sich jenseits solcher Einstellungen Trost zu suchen, sie gleichzeitig potentiell mit Aids in Kontakt bringen. Beides, Drogen und Sex, können als Schmerzmittel gebraucht werden, um die Trauer über das Abgelehntsein zu betäuben.

Aber wißt ihr, es kommt auch ganz viel Schönes aus dem Vorhandensein von Aids. So viel Mitgefühl und liebevolle Aufmerksamkeit, die es vorher nicht gab; so ein großer Wunsch zu dienen; so viel mehr Toleranz; so viel Geben und Nehmen von Liebe; so viele Seelen, die die Erfahrung von Aids dazu benutzt haben, sich in ihrem Verständnis von Gott und der Wahrheit ganz schnell zu entwickeln. Viele dieser lieben Freunde sind in der Geistwelt angekommen, wunderbar ausgerüstet, der Menschheit mit allem, was sie gelernt haben, zu dienen; manche tun es aus dem Geiste, andere zoomen sich, so schnell es geht, zurück auf die Erde, um ihre Erfahrung der Liebe in Handlung umzusetzen und denjenigen, die sie gerade verlassen haben, Heilung zu bringen. Jetzt wißt ihr: betrachtet nie und nimmer ein Leben, das in menschlichen Maßstäben nicht lange gedauert hat, als verschwendet.

Wie steht es mit Krankheit im allgemeinen? Was lehrt sie uns?

Auch hier würde ich sagen, daß jeder Augenblick von Krankheit eine höchstpersönliche Erfahrung ist; viele Faktoren mögen daran beteiligt sein, und keine zwei Fälle werden dieselben Faktoren zeigen, aber im wesentlichen stammt jegliche Krankheit von einem Glauben an Unvollkommenheit. Wenn ihr nur lange genug glaubt, ihr seid unvollkommen, besonders im Unbewußten, und euch dann natürlich auf eine bestimmte Weise verhaltet, um dieses Gefühl der Unvollkommenheit zu kompensieren, dann wird euer

Körper am Ende diesen Glauben manifestieren. Je nach der Natur der Krankheit und dem Körperteil, an dem sie sich manifestiert, kann man Schlüsse auf bestimmte Überzeugungen im Hinblick auf die Unvollkommenheit ziehen, doch wie immer sie geartet sein mögen – der Weg zur Heilung ist derselbe: diese Überzeugung zunichte machen, indem ihr die Wahrheit affirmiert, daß ihr in diesem Augenblick vollkommen seid.

Eure armen Körper gehen durch so vieles, nur um auf eure Überzeugungen zu reagieren; würdet ihr aber tausendmal am Tag affirmieren: „Ich bin jetzt vollkommen", so würden alle eure Körperzellen jubelnd „Jippiiiee!" rufen. „Jetzt können wir vollkommen sein! Jetzt können wir wir selbst sein! Hurraa!" Und schon bald darauf fühlt ihr euch besser. Versucht's doch einmal, jetzt! Natürlich wird erst einmal eine kleine Stimme in euch maulen: „Das ist doch bloß Schwindel", doch wenn eine ewige Wahrheit ausgesprochen wird, kann keine skeptische Stimme dagegen ankommen, allmählich wird sie verstummen.

Aber ich bin nicht vollkommen. Ich brauche mich nur im Spiegel anzuschauen oder darüber nachzudenken, was ich in der Vergangenheit alles so gemacht habe... und ist es nicht sowieso egoistisch, sich selbst für vollkommen zu halten?

Vollkommen zu sein bedeutet nicht, daß ihr die Hollywood-Maßstäbe der Ästhetik erfüllen müßt. Es bedeutet auch nicht, daß ihr ein Heiliger auf Erden sein müßt. Ihr könnt mir ruhig auf-zählen, was alles nicht mit euch stimmt, bis ihr schwarz seid im Gesicht – mir macht ihr nichts vor. Denn ich sehe euch, wie ihr **wirklich** seid. Beantwortet mir die folgenden Fragen. Glaubt ihr an die Allgegenwart Gottes?

Ja.

Dann glaubt ihr also, daß es keinen Ort im ganzen Universum gibt, an dem Gott nicht ist. Und das muß zwangsläufig jeden Teil von euch mit einbeziehen. In jeder Faser, jeder Zelle, in jedem Haar und jedem Blutstropfen. Wie sonst konnte Jesus sagen, Gott kenne jedes Haar auf eurem Kopf? Weil er in jedem Haar auf eurem Kopf ist! Ihr könnt nicht sagen, Gott ist überall, hört allerdings zwanzig Zentimeter vor meinem Körper auf. – Okay. Glaubt ihr, daß Gott Liebe ist?

Ja.

Also ist in jedem Teil von euch Liebe! Glaubt ihr, daß Gott vollkommen ist?

Ja.

Also glaubt ihr, daß ihr vollkommen seid! Hmm, reingefallen! Was immer Gott ist, das seid ihr auch. Sich für vollkommen zu halten, ist nur dann egoistisch, wenn man Gott aus dieser Gleichung herausnimmt. Ihr seid vollkommen, wie Gott vollkommen ist. Ihr seid nach dem Bilde Gottes gemacht. Und kann ich dir, du Lieber, auch folgendes sagen? Je näher du dem Spiegel kommst, desto deutlicher siehst du deine Unvollkommenheiten. Und wenn du Gott näher kommst, bekommt dein Selbstbild einen Riß oder zwei und du fühlst dich unwürdig. Ich sage das, damit du die positive Seite davon erkennen kannst, negative Gefühle über dich zu entwickeln: es kann ein Zeichen für Fortschritt sein.

Also, all meinen kranken Freunden verschreibe ich die folgende Medizin, einzunehmen mindestens tausendmal am Tag: „ICH BIN JETZT VOLLKOMMEN!“

Wie ist es, wenn für jemanden die Zeit gekommen ist, den physischen Körper zu verlassen? Kann eine solche Affirmation mit dem Wunsch der Seele in Konflikt geraten?

Nein. Gleichgültig, wie die Prognose lautet, ist solch eine Feststellung der Wahrheit immer nützlich für die Seelenreise.

Denkt daran, die Wahrheit wird euch frei machen. Vielleicht macht sie euch frei von den Schmerzen der Krankheit oder von eurem physischen Körper – wenn das die Freiheit ist, nach der euch verlangt. Und wenn ihr frei seid vom physischen Körper, dann kommt ihr natürlich sowieso in der Geistwelt als vollkommen ganz an, ohne jegliche Wehwehchen oder Schmerzen.

Heute gibt es so viele verschiedene ‚alternative' Heilmöglichkeiten. Heißt das, es ist Zeit, der Schulmedizin den Rücken zu kehren?

Keineswegs. Wißt ihr, unzählige Seelen arbeiten in der traditionellen Medizin und tun das als Ergebnis einer wahren Berufung. Und in der Geistwelt gibt es viele Seelen, die daran arbeiten, Heilungsmöglichkeiten für eure Krankheiten zu finden, die nur durch die Schulmedizin zu euch gebracht werden können. Ihr den Rücken zu kehren würde bedeuten, das Wachstum vieler zu blockieren, die der Menschheit auf diese Weise dienen möchten. Es arbeiten auch viele Seelen in der Schulmedizin, die einem Ruf gefolgt sind, den Kranken zu helfen, die ihn aber mißverstanden haben und statt Heiler geworden zu sein, einfach dem einzigen ihnen bekannten Pfad gefolgt sind. Dafür kann man ihnen nicht böse sein.

Bestimmt kommt ein Tag, an dem Schulmedizin nicht mehr gebraucht wird, doch die Sachkenntnis wegzuwerfen, die sie heute zu bieten hat, ist unsinnig, ja mehr noch: arrogant. Ihr müßt im Sinn behalten, daß sie nur Heilung anbieten kann; sie kann nicht die ursprüngliche Ursache heilen. Letzteres müßt ihr auf andere Weise finden und, wie ihr sagt, da gibt es viele Alternativmöglichkeiten für euch. Worauf ich mich freue, ist eine Zeit, in der es in jeder Familie mindestens einen Heiler oder eine Heilerin gibt. Jede Familie sollte ihn oder sie haben, so wie ihr euren Erste-Hilfe-Kasten im Badezimmerschrank habt.

Was ihr auch finden werdet, ist, daß mit eurer zunehmenden Empfindsamkeit die Nebeneffekte der chemischen Medizin immer unerträglicher werden für euren Körper. Ihr redet ja von eurem Evolutionsprozeß so viel im Hinblick auf die Erhöhung der Schwingungsfrequenzen des Körpers; also werdet ihr euch auch mehr und mehr der Medizin mit höheren Schwingungen zuwenden. Die Medizin der Zukunft wird Behandlung mit Edelsteinen und Blüten sowie direkte Einwirkung heilender Engel sein. Ihr werdet an einen Punkt kommen, an dem ihr statt eures Hausarztes heilende Engel an euer Bett bittet.

Ach ihr Lieben, wie sehr sehnen wir uns nach uns nach solch einer Zeit der Zusammenarbeit, nach Teamwork zwischen unseren beiden Welten! Und damit meine ich nicht nur zwischen euch und uns, die eure Führer und Engel sind. In eurer Interpretation von Teamwork müßt ihr bewußt die elementale Welt, die Naturgeister, mit einbeziehen, die die Blumen und Pflanzen umsorgen, die ihr zu euren Heilmitteln macht, die Devas des Mineralreiches, ja, in der Tat, alle eure ‚Verwandten‘, wie die ein- heimischen amerikanischen Völker sie nennen.

Ich sehe so viele von euch, liebe Freunde, die im innersten Herzen gar nicht in ihrem physischen Körper sein möchten. Ich kann das verstehen. Ihr wärt viel lieber wieder in der Geistwelt. Der Kampf des irdischen Lebens scheint so sehr im Widerspruch zu stehen mit dem, wovon ihr tief in euch wißt, daß es der wahre Pfad ist, und mit dem, was ihr in diesem Leben erwartet habt.

Ihr kamt mit einer Absicht in dieses Leben, einer Absicht, die nur erfüllt werden konnte, weil ihr schon einen gewissen evolutionären Standard in vergangenen Leben erlangt habt. Das heißt, eure Erfahrung in der Geistwelt erlaubte euch, den Wonnezustand, der die Belohnung für solche Evolution ist, in größerer Fülle zu schmecken.

Es ist aber dieselbe Evolution, die euch gestattet, mehr und in größerer Fülle die Schönheit und Vollkommenheit des göttlichen Plans zu schätzen, der sich jetzt auf der Erde entfalter und der in euch ein tiefes Sehnen hervorrief, wieder auf die Erde zurückzukehren, um euren Teil zu dieser Entfaltung beizutragen.

Aus solcher Vision heraus, die ihr von der Geistwelt aus so deutlich sehen konntet, kam eure Wahl zustande, mit großer Begeisterung wieder in einen physischen Körper zu kommen. Natürlich verlangte ein solch wichtiges Leben die Wahl des rechten Zeitpunkts und der richtigen Eltern. Das habt ihr perfekt hingekriegt, auch wenn euer argumentierender Verstand das manchmal bezweifelt. Doch als ihr die Verbindung mit eurem physischen Körper herzustellen begannt, da habt ihr die Vision verloren, die euch ursprünglich auf die Erde brachte, und in jenem Augenblick fing eure „Hickhack-Beziehung" zwischen eurer Seele und eurem physischen Körper an.

Es ist daher kaum überraschend, liebe Freunde, daß euer Leben so ein Kampf ist. Ohne eine wirkliche Hingabe an das Leben muß es sich für euch so anfühlen, als führet ihr mit dem Auto mit angezogener Handbremse und in dickem Nebel – es ist also schwierig zu wissen, wohin ihr unterwegs seid.

Tief in euch wißt ihr, daß es eine Bestimmung für euer jetziges Leben gibt, auch wenn ihr zur Zeit nur ein verschwommenes Gefühl davon habt, wie sie aussehen könnte. Ihr Lieben, ihr kommt dem Wiedererkennen dieser Vision näher. Seht es so: Wenn ihr Kleidung kauft für ein Kind, kauft ihr sie immer ein wenig zu groß, weil ihr wißt, daß das Kind ganz schnell hineinwächst. Nun, das Wesen, das diese Vision lebt, ist das Selbst, in das ihr hineinwachst. Das Potential für große Arbeit, das ihr in euch fühlt, das manchmal andere selbst dann sehen können, wenn ihr es nicht könnt, ist diese Kleidung, die ‚Uniform‘ eines Lichtarbeiters, die noch nicht manifest ist, weil ihr noch ein wenig wachsen müßt, bevor ihr sie bequem tragen könnt. Wie bei jedem Kind gibt es Wachstumsschmerzen, aber hineinwachsen werdet ihr auf jeden Fall, und in dem Augenblick, da die Kleidung vollkommen sitzt, kommt auch der Moment vollkommener und glücklicher Inkarnation in euer physisches Selbst. Ihr werdet froh sein, daß ihr lebt. Es wird der Moment, in dem ihr euer Selbst gebärt.

Während ihr auf diesen Moment wartet, macht ihr euch das Leben nicht einfacher dadurch, daß ihr eure Zeit damit füllt, irgendwelche Dinge zu tun oder dramatische Veränderungen in eurem Leben vorzunehmen, weil die Umstände ungemütlich sind. So geht ihr keine Hingabe ans Leben ein, so merkt ihr nur die Leere deutlicher, denn eine wirkliche Erfüllung kann nur durch die Verbindung mit eurem Geist kommen. Sich dem Leben hingeben heißt sich der Liebe hingeben und ja zum Leben sagen, wie es gerade ist, und auf die Weisheit eurer Seele in ihrer Wahl zu vertrauen und alles dem Willen Gottes zu überantworten. Das wird dem Wachstum Beine machen, nicht der traurige Blick über die Schulter, woher ihr kamt, nicht das Nachvorneschauen und

Deprimiertsein, weil ihr nicht durch den Nebel sehen könnt – sondern indem ihr aufschaut und das Licht göttlicher Liebe seht, das jeden Schritt eures Lebens beleuchtet, immer einen Schritt nach dem anderen.

Ihr Lieben, physisch geboren werden heißt das Zuhause verlassen, spirituelle Wiedergeburt heißt wieder nach Hause kommen. Und deshalb heißt es, wenn du nicht wiedergeboren bist, kannst du nicht ins Himmelreich kommen – aber in einen Himmel auf Erden!

Darf ich die Gelegenheit nutzen, euch einen gesegneten und zutiefst glücklichen Geburtstag zu wünschen, wenn er kommt!

130

Wie steht's mit eurem Gedächtnis?

Ertappt ihr euch dabei, daß ihr immer häufiger euer schlechtes Gedächtnis und eure nachlassende Konzentrationsfähigkeit beklagt? Nein? Dann habt ihr etwas, worauf ihr euch noch freuen könnt.

Lautet die Antwort ,ja', dann bin ich entzückt, euch versichern zu können, daß solche Symptome ein gutes Zeichen sind, genau das, wonach ihr Ausschau halten solltet, wenn ihr Beweise haben wollt für die sich wandelnden Gehirnwellen, die untrennbar mit dem Anheben eures Bewußtseins verbunden sind. Beklagt euch nicht darüber, ihr Lieben, es ist der Lohn eurer Mühen! Ich muß euch auch versichern, daß diese Symptome nicht andauern werden.

Was ihr als nachlassendes Gedächtnis erlebt, ist euer Verstand, der sich von Informationen löst, die bislang eine vertraute Landkarte für euch ausgemacht haben, und der euch nunmehr darauf vorbereitet, auf die Führung der unsichtbaren Welt zu vertrauen, von Minute zu Minute, ohne euch um Vergangenheit oder Zukunft zu kümmern. Im Gegensatz zu dem, was viele von euch denken, ist der Pfad des Wachstums ein Pfad des Verlernens, ein Herausdestillieren der reinsten Essenz eures Wesens, damit ihr in jedem Augenblick des Tages ein Instrument für Gottes Liebe sein könnt.

Diese Destillation dient euch auch dazu, leichteren Zugang zu dem Wissen zu finden, das ihr im Schlaf auf euren Besuchen in den Hallen des Lernens gewonnen habt, und das alte Wissen in euch aus vergangenen Jahrhunderten an die Oberfläche des Geistes steigen zu lassen. In den Hallen des Lernens mit großen, euch beistehenden Lehrern durchlauft ihr eine Art Auffrischungskurs, der euch auf die Lektionen und Aufgaben dieses Lebens vorbereitet.

Wenn der Pfad, dem ihr bislang gefolgt seid, euch mit einem Fundus an Wissen versorgt hat, so könnt ihr ihn natürlich nicht willentlich aus dem Gedächtnis streichen. Seid aber offen dafür, daß euer Pfad, den ihr dem Höchsten gewidmet habt, von jetzt an dieses Wissen überflüssig werden lassen kann. Es kann auch hervorragendes Rohmaterial für euren Pfad sein, aber nur dann, wenn ihr seine Richtung und seinen Gebrauch bedingungslos dem Willen Gottes unterstellt. Bleibt euer Wissen ein Werkzeug persönlichen Ehrgeizes, dann wird der Tod für euch mit Sicherheit eine ziemliche Tragödie. Egal, wie wertvoll oder menschenfreundlich euer Ehrgeiz sein mag – wann habt ihr euch letzte Mal um Rat gefragt? Die Antwort findet ihr, indem ihr euch ehrlich fragt, wie stark ihr euren Willen beansprucht, um das Vorankommen eures Ehrgeizes zu fördern – oder ist es die Gnade, die euch die Türen öffnet? Und dient die Erfüllung eures Ehrgeizes Gottes Verherrlichung oder eurer eigenen?

Was die Konzentrationsprobleme anbelangt: ist es nicht so, daß die dreidimensionale Welt euch immer weniger begeistert – falls sie euch je begeistert haben sollte? Wünscht ihr euch nicht mehr und mehr, daß euer Sinn sich woanders ausruht, abgeschirmt von den schmerzhaften Wirklichkeiten der Welt, in der ihr lebt? Wenn ihr den Gottesvirus habt, ist es leicht, der Verheißung des himmlischen Zustands zu erlauben, euch vorzeitig aus eurem 3D-Leben fortzulocken; aber dieser himmlische Zustand in euch ist noch im Werden und nicht bereit, euch zu empfangen, und so führt euch eure mentale Abwesenheit nur in einen leeren Raum, der zwar Zuflucht bietet, aber keine Wirklichkeit. Es ist auch allzu leicht, sich von der Verheißung von Seminaren und Workshops zu einer Abkürzung des Weges verleiten zu lassen, doch können sie diese Verheißung ebenso wenig erfüllen wie ein schwangere Mutter den Zeitpunkt der Geburt beschleunigen kann.

Die Lösung zielt darauf ab, alle Dinge mit Bewußtsein und in Liebe zu tun, gleichgültig wie weltlich oder schwierig sie sein mögen. Versprecht euch selbst eine bestimmte Zeit am Tag, in der ihr eurer Vorstellungskraft erlaubt, euch in eine unbestimmte Zeit in der Zukunft zu versetzen, in der ihr in diesem himmlischen Zustand lebt. Bleibt so lange wie möglich in dem Gefühl, das eure

Vorstellungskraft, das Instrument eurer Seele, euch schenkt. Das hat nichts mit Tagträumerei oder Phantastereien zu tun – letztere sind Schöpfungen des Verstandes als Fluchtweg. Vorstellungskraft hingegen ist das innere, jetzige Erschaffen des Seinszustandes, nach dem ihr euch im Herzen sehnt.

Ihr stimmt ein Musikinstrument aus dem Grund, die Gefahr der Disharmonie auszuschließen. Das Symptom eures schlechten Gedächtnisses ist ein Teil eurer Feinabstimmung, des Ordnens eines Kopfes, der vollgestopft ist mit allen Gefahren eures Egos, alten Gewohnheiten und der ganzen Unbeweglichkeit des Willens, die euch allesamt vom Pfad der Hingabe ablenken.

Und wenn wir das Beispiel des Orchesters benutzen, so gibt ein Instrument den Ton, auf den sich dann alle anderen einstimmen. Wenn ihr an Gott denkt als an denjenigen, der diesen reinen Ton vorgibt, dann werdet ihr sehen, daß eure ganzen Bemühungen zu wachsen euer Bestreben danach sind, sich auf ihn einzustimmen, so daß ihr und die ganze Menschheit in vollkommener Harmonie miteinander leben könnt. Gegenwärtig dringt dieser führende Ton in immer mehr Herzen und Willen. Bald wird niemand mehr immun sein gegen seine wunderbare Resonanz.

Das wird die Zeit sein, in der ihr den letzten Satz der göttlichen Symphonie anstimmt, in dem sich die ganze Menschheit miteinander verbindet zur Einheit mit Gottes Willen, ein Finale mit dem herrlichen Höhepunkt des Himmels auf Erden, der Vollendung aller Dinge.

Ich möchte euch an eine Geschichte erinnern, eine Geschichte, die ihr alle gut kennt. Das folgende ist zumindest meine Version.

Eines Tages sprach Jesus zu einer Gruppe von Menschen, fünftausend, so berichtet die Geschichte, und an einem Punkt hob jemand in der vordersten Reihe die Hand und sagte: „Entschuldigung, Meister, aber wir haben ziemlichen Hunger. Könnten wir vielleicht eine Essenspause einlegen?" Und Jesus sagte: „Aber natürlich, du Lieber, laßt uns mal sehen, was wir da so haben."

Und das einzige, was sie da hatten, waren ein paar Fische und ein paar sehr wenige Laibe Brot.

Also, wenn Jesus jetzt so gewesen wäre wie die meisten von euch, dann hätte er Fische und Brot angeschaut und gedacht: „O mei, das ist nicht genug. Hilfe! Das gibt einen Aufstand." Aber natürlich tat er das nicht. Er ließ sich keineswegs von der materiellen Erscheinung verführen, weil er die Wahrheit von den Gesetzen des Überflusses kannte und wußte, daß es immer genug für alle gibt. Und so war es denn auch. Jesus dachte auch nicht: „Ich werde mal einen kleinen Imbiß auftreiben, damit sie bloß eine Weile zufrieden sind." Nein, er manifestierte so viel, daß alle sich ihren Bauch füllen konnten.

Diese Geschichte lehrt zwei wichtige Dinge.

Zum einen lehrt sie, daß egal wie wenig ihr habt, ihr immer genug haben werdet, wenn ihr bereit seid, es ohne Angst vor eigenem Mangel mit anderen zu teilen.

Zweitens lehrt sie, daß ihr, wenn ihr aus eurem Glauben an Mangel heraus die materielle Erscheinung eure Realität diktieren laßt, ihr niemals Trennung überwinden werdet und euer Mangel immer bleiben wird. In der Wahrheit eures jetzigen Einsseins ist das Einssein mit dem Überfluß eingeschlossen. In der Armut liegt keine Wahrheit. Es liegt keine Wahrheit im Mangel irgendeiner Art, nur Prägungen, die aus kulturellem oder religiösem Mehr erwachsen, aus der Abwesenheit bedingungsloser Liebe als Kind, oder aus Katergefühlen, die aus früherem Leben mitgebracht wurden. Diese Prägungen führen euch dazu, euren Kampf um materielle oder emotionale Erfüllung als normalen Teil des Lebens anzusehen. Falsch, ihr Lieben, falsch!

Was immer in eurem Leben fehlt, sei es Arbeit, Geld oder Liebe, enthüllt einen Glauben in euch an den Mangel, der wahrscheinlich im Unbewußten verwurzelt ist. Ihr akzeptiert den physischen Schein als einzige Realität. So sagt ihr: „Ich habe keinen...", „Mir fehlt es an...", „Ich habe nicht genug...", und so verlängert ihr diese Realität in alle Ewigkeit. Seht ihr denn nicht, ihr Lieben, was für eine mächtige Affirmation das ist, besonders wenn ihr es so oft wiederholt wie ihr das tut? Meistens seid ihr euch nicht einmal bewußt, daß ihr euren Mangel affirmiert. Gebt besser acht auf eure Gedanken zum Mangel.

Laßt mich darum folgendes als Ansporn anbieten. Eine der besten Möglichkeiten, wie ihr euch selbst und anderen dienen könnt, ist eure Zielsetzung, gute Werbung für Gott zu sein. Haltet euch selbst für einen Teil einer riesigen PR-Übung zur Förderung der Wohltaten, die aus dem Einssein mit Gott erwachsen, nicht durch Bekehrungsversuche, sondern durch die Manifestierung der Wahrheit in eurem Leben im Glauben an Gottes Gesetze. Wer möchte schon Gott kennen, wenn das bedeutet, arm zu sein? Wer möchte mit Gott zu tun haben, wenn es bedeutet, einsam oder krank zu sein? Niemand! Alle diese Umstände können durch den Glauben überschritten werden.

In eurem Leben kann nichts scheinbar Unmöglicheres passieren als die Fütterung von fünftausend Menschen mit ein paar Broten und Fischen. Es verlangt euch aber nur ab, daß ihr euch löst von der Prägung im Kopf, die besagt, daß physikalische Erscheinung die Realität darstellt, und dann könnt ihr Wunder erleben in eurem Leben. Was sind Wunder denn anderes als das ungehinderte Wirken spiritueller Gesetze.

Ich mache hierzu jedoch eine Anmerkung der Vorsicht. Klebt euch diese Geschichte unbedingt an eure Kühlschranktür, aber wenn ihr das nächste Mal eine Party feiert, rate ich euch, trotz alledem den Partyservice zu bestellen oder zumindest Essen und Getränke auf Vorrat hinzulegen. Es kann sein, daß ihr noch nicht den Glauben besitzt, aus dem schimmligen Stückchen Käse und der schrumpeligen Tomate da hinten im Kühlschrank ein Festessen zu manifestieren.

Backt kleine Brötchen! Fangt klein an! Ich bin sicher, viele von euch hatten bereits Erfolg damit, einen Parkplatz für ihr Auto zu manifestieren, oder ein Taxi, wenn die physikalischen Umstände sagen wollten, das sei unmöglich. Je mehr ihr übt, im Glauben zu leben, desto mehr wird euer Glaube belohnt, und desto weiter steigt ihr auf und verbindet euch mit den unerschöpflichen Quellen der universellen Energie, um auch größere Dinge zu manifestieren. Sie kommen nicht durch logische Mittel zu euch, sondern in einem Päckchen, das übersät ist von Gottes Finger-abdrücken. Trennt euch also von eurem Taschenrechner, auf dem ihr ausrechnet, wieviel ihr für dieses ausgeben könnt und wieviel ihr für jenes braucht. Wenn ihr in solchen Begriffen denkt, wer-det ihr nur manifestieren, was ihr als Notwendigkeit kalkuliert habt, und werdet im Armutsbewußtsein bleiben. Ihr werdet immer haben, was ihr braucht – warum also wollt ihr euch herumplagen mit Kalkulationen?

Wie immer ihr eure Quelle nennt, Er/Sie hat nicht die Angewohnheit, euch vorzuenthalten, was euch in einen Seins-zustand bringt, der die Natur der Quelle widerspiegelt. Die Quelle wünscht sich aber, daß euer Gefühl für das Selbst oder Glück nicht anfängt, auf dem Haben oder Besitzen zu basieren. Das bedeutet, ihr braucht niemanden mehr zu beneiden, der etwas hat, was ihr gern selbst hättet. Erfüllung und Wohlbefinden zu suchen heißt nicht, eine Lotterie mitzumachen, in der ihr, wenn ihr Glück habt, euren Wunsch erfüllt bekommt. Verfällt auch nicht dem zerstörerischen Glauben, daß ein Auskommen ohne etwas das Ergebnis eures negativen Karmas sei. Ein endloses kosmisches Ping-Pong-Spiel ist das letzte, was Gott für euch will. Wäre das Gesetz von Ursache und Wirkung in eurem Leben dazu da, euch der Dinge zu berauben, so geschähe dies nur, weil ihr zu dem Zeitpunkt, da ihr es auslöstet, die Wahrheit noch nicht kanntet. Aber jetzt kennt ihr sie. Die Wahrheit kann euch jetzt frei machen. Laßt von jetzt an eure instinktive Reaktion sein: „Wenn die anderen das haben können, dann kann ich es auch!"

Würde dem göttlichen Gesetz erlaubt, frei zu wirken, gäbe es genug Nahrungsmittel für alle, genügend Jobs und Liebhaber und auch Geld. Es gäbe keine Lagerberge, weil es keine Angst vor Mangel gäbe; es gäbe keine Gier, denn es gäbe keine Angst davor, leer auszugehen. Es gäbe nicht die Unterteilung von arm und reich, weil sich entweder die Reichen sicher genug fühlen würden, um an die Armen abzugeben, oder die Armen genug Glauben besäßen, um ihre Bedürfnisse selbst zu manifestieren. Da gäbe es keinen Anlaß, etwas für einen Regentag aufzuheben und die ganze finanzielle Energie nutzlos herumliegen zu lassen. Wieviel mehr Geld wird dann zirkulieren und Gutes tun, anstatt Staub anzusetzen.

Stellt euch einmal vor, was das für euren geliebten Planeten bedeutet! Ihr könnt euch von der Gleichung verabschieden, die besagt, je mehr Münder zu füttern sind, desto mehr natürliche Ressourcen müssen der Erde entzogen werden, oder desto mehr Bäume müssen gefällt werden, um Boden für die Kultivierung zu schaffen. In jener Zeit wird es keine Profitgier oder Angst vor Verlust geben. Wirtschaftswissenschaftler werden zu einer aussterbenden Rasse gehören. Zahllose Menschenleben, die jetzt von der Angst beherrscht sind, werden von diesem Druck befreit werden, und so werden sich die Herzen weiter öffnen. Also wird es mehr Frieden geben in der Welt.

Schließlich muß gesagt werden, daß Überfluß ein Seinszustand ist, nicht ein Habenszustand. Es ist ein Seinszustand, der aus dem Wissen ohne jeglichen Zweifel rührt, daß unendliche Liebe und Weisheit der göttlichen Führer und Engel euch schützen und daß in alle Ewigkeit alles in Ordnung ist mit euch, in jeder Hinsicht. Wenn ihr dann die unzerstörbare Verbindung zur unerschöpflichen Schatztruhe der Liebe erlebt, so wird euch das eine bleibende Empfindung verschaffen, die jedes vorübergehende Hochschlägt, das sich aus dem möglichen Kauf eines ‚neuen Spielzeugs‘ ergibt. Ich meine damit nicht, daß ihr dieses ‚Spielzeug‘ nicht haben könnt – ich meine damit nur, daß ihr im Falle eines Verlusts keine Tränen darüber vergießen würdet, denn ihr besäßet den Glauben, ein neues zu manifestieren.

138

Über Geben und Nehmen

Eines der wertvollsten Geschenke, das ihr jemandem machen könnt, ist eure Möglichkeit zu geben. Eines der wertvollsten Geschenke, das ihr euch selbst machen könnt, ist die Entdeckung gleichwertiger Freude im Geben und Annehmen.

Das Verlangen zu dienen ist in so vielen von euch so mächtig programmiert, daß ihr die Notwendigkeit der Ausgewogenheit darüber vergeßt. Wenn euer Impuls zu dienen dem Mangel bedingungsloser Liebe in der Kindheit entspringt, wo ihr die benötigte Liebe nur bekamt, wenn ihr brav wart, dann wird euer Widerstand gegen das Annehmen daher rühren, daß ihr denkt, ihr hättet etwas nicht verdient.

Denkt an einen Baum. Ein Baum folgt einem einzigen Naturgesetz, und das besagt, daß er zum Licht wachsen muß. Hat er sich in der Erde gegründet, fängt er an, nach oben zu wachsen, und je höher er wächst, desto mehr Äste wachsen aus seinem zentralen Stamm, die wiederum Früchte tragen – doch der wesentliche Drang ist der Drang zur Sonne. Der menschliche Geist folgt ebenfalls einem einzigen Gesetz, und das besagt gleichfalls, auf das Licht zuzuwachsen, zur kosmischen Sonne. So verwurzelt er sich in einem physischen Körper und beginnt seine Reise aufwärts. Seine Äste, die die Gestalt liefern, die ihn gegenüber einem anderen identifizieren, sind die Lebenserfahrungen und gelernten Lektionen; seine Früchte sind der Dienst an anderen.

Aber es gibt einen großen Unterschied zwischen dem Menschen und dem Baum. Legt ihr das Ohr an seinen Stamm, so werdet ihr nicht hören, wie er mit Mutter Erde herumjammert: „Ach Mutter, ich bin es nicht wert, deine Energie durch meine Wurzeln aufzunehmen". Ihr werdet nicht sehen, wie die Blätter sich anstrengen, den Sonnenstrahlen auszuweichen, und dabei sagen: „Ach Sonne, wir sind nicht schön genug, um dein Licht und deine Wärme zu empfangen". Der Baum weiß, wenn er wachsen und Früchte tragen soll, dann muß er annehmen, annehmen und noch einmal annehmen, an- und aufnehmen durch jeden seiner Teile.

Wenn ihr also das nächste Mal einen wunderschönen Baum mit Früchten beladen seht, der viele Menschen ernähren kann, denkt daran, daß die Früchte nur da sind, weil der Baum zuerst nahm.

Physische Geburt heißt das Zuhause verlassen.
Spirituelle Wiedergeburt heißt nach Hause kommen.

Viele von euch fragen sich, warum sie in eine Familie geboren wurden, in der sie sich so fehl am Platze vorkommen und in der die Kindheitsbedingungen ihren Bedürfnissen scheinbar so zuwider liefen.

Eins ist sicher, nämlich daß ihr eure Familie nicht gewählt habt, um ein Leben gemütlicher, heimeliger Wonne in ihr zu genießen. Viele meiner Freunde wurden in Familien geboren, in denen sie sich anders oder mißverstanden fühlten oder nicht dasselbe Verhältnis zu ihren Eltern aufbauen konnten wie ihre Geschwister. Wahrscheinlich habt ihr diese Entfremdung seit eurem allerersten Atemzug gespürt, als ihr euch umsaht und dachtet: „Oh, oh! Ich glaube, ich habe einen Fehler gemacht. Was sind denn das für Leute?" Wenn ihr als Baby hättet sprechen können, dann hättet ihr wohl zu euren Eltern gesagt: „Hallo, Mutter, Vater, ich bin's! Seht ihr denn nicht? Ich bin's! Ich!" Aber natürlich hätte das nichts genützt, denn das einzige, was sie sehen konnten, war ein wunderschönes Baby, nicht aber die Seelengestalt mit all ihren besonderen Eigenschaften und individuellen Bedürfnissen.

Eine Entscheidung, in so eine unbehagliche Umgebung geboren zu werden, hat ihren Grund darin, daß sie dazu dient, in eurer Seele den Drang zu verstärken, den Sinn für eine Zugehörigkeit zu entdecken, die ihrer Natur nach göttlich ist und nicht biologisch: die bedingungslose Liebe eurer göttlichen Mutter und eures göttlichen Vaters zu erfahren — eine Liebe, die man von menschlichen Eltern niemals erwarten könnte. Diese Erfahrung göttlicher Liebe heilt euch nicht nur von allem Schmerz, der durch eure Wahl der Familie entstanden ist, sondern auch von allem, was aus früheren Erdenleben noch nicht geheilt ist. Auf diese Weise hilft sie euch, jegliche Erfahrung des Getrenntseins zu überwinden von allem, das euer Bestes ist, von allem, was Gott ist. Das Erkennen eurer wahren Zugehörigkeit ist auch wesentlich, damit sich die größere Bestimmung dieses Lebens manifestieren kann. Zugleich folgt daraus, daß ihr, wenn ihr wißt, wer ihr im Verhältnis zu den göttlichen Eltern seid, eine größere Nähe zu euren biologischen Eltern herstellen und sie eher als Mitseelen auf einer Reise sehen könnt denn in einer streng familiären Rolle.

Gleichgültig wie schwierig eure Kindheit in der Familie war, eure Wahl der Familie ist also die bestmögliche gewesen, um euch auf den Weg eures jetzigen Wachstums zu bringen. Vielleicht wollt ihr einmal in euch gehen und versuchen, den Eltern dafür zu danken, statt euch über sie zu beklagen. Denkt daran, ihr habt sie euch ausgesucht. Und denkt auch daran, daß sie sich vielleicht mit einem Kind konfrontiert sahen, das sie nicht verstand und das ihre normalen Erwartungen im bezug auf ein Eltern-Kind-Verhältnis nicht erfüllte. Das ist eine schmerzhafte Erfahrung für Eltern und häufig das Opfer, das zu bringen ihre Seelen zugestimmt haben, damit sie wirklich das Sprungbrett für eure größere Bestimmung sein können. Und vergeßt nicht: Welche Schwierigkeiten auch immer zwischen euch und ihnen bestehen, in Wirklichkeit zwischen euch und jedem anderen – während ihr miteinander streitet und euch auf der Persönlichkeitsebene mit Worten verletzt, trinken eure Seelen gemütlich Tee zusammen, in vollkommener Harmonie miteinander.

Wie kann ich die Liebe der göttlichen Eltern erfahren?

Die Arme der göttlichen Eltern sind immer weit offen für euch, und ihr könnt ihnen in die Arme laufen, wann immer ihr wollt. Nichts steht je zwischen euch und dieser Möglichkeit, denn es ist eine bedingungslose Liebe, die nichts zurückerwartet.

Wenn euch die Vorstellung schwerfällt, in die liebevolle Umarmung hineinzulaufen, so bittet die Mutter oder den Vater, zu euch zu kommen, um euch hochzuheben. Bittet darum mit derselben Schlichtheit und demselben Vertrauen, mit denen ein Kind, das seinem physischen Vater vertraut, ihn darum bittet, auf den

Arm genommen zu werden, oder von seiner Mutter erwartet, das sie den Finger küßt, in den es sich geschnitten hat. Nie kommt es dem Kind in den Sinn, daß es zurückgewiesen werden könnte. Wann immer ihr etwas braucht, ist die Liebe schon da. Als Jesus sagte: „Klopft an, und es wird euch aufgetan", „Bittet, so wird euch gegeben" – da meinte er, so sollte es gemacht werden.

Es klingt so einfach, und das ist es auch für jemanden, der diese Erfahrung schon mit seinen physischen Eltern hatte. Hattet ihr sie nicht, so braucht es Übung. Ihr braucht Übung vor allem im Annehmen in dem Wissen, daß ihr es verdient und keinen Preis dafür zu zahlen braucht. Und was, ihr Lieben, ist billiger als die Luft zum Atmen? Atmet in den Atem Gottes, der diese Liebe enthält. Alles ist um euch. Jedes Mal, wenn ihr mit diesem Gedanken einatmet, macht ihr eine mächtige Affirmation, weil ihr Ja sagt zum Leben! Ja zur Liebe! Ja zu Gottvater und Gottmutter. Es gibt keine mächtigere Affirmation als bewußt zu atmen. Im Laufe der Zeit, wenn ihr die Gewohnheit entwickelt habt, diese lebensspendende Energie an- und in euch aufzunehmen, die Liebe ist, werdet ihr mehr und mehr von ihr wollen. Und in diesem Wollen, von dem ich hoffe, daß es sich in regelrechten Hunger verwandelt, wird euch eure eigene Seele zu neuen Möglichkeiten der Erfahrung dieser Liebe führen. Wißt ihr, liebe Freunde, den Hunger zu spüren nach Gottes Liebe gehört zu den schönsten Gefühlen, die ihr je erleben könnt. Betet darum, nie ohne diesen Hunger zu sein.

Wie kann ich Vater und Mutter am besten ‚ehren'?

Wie ich schon sagte, schimpft nicht über sie, weil sie keine ‚vollkommenen' Eltern waren. In der gesamten menschlichen Geschichte gibt es kein Elternpaar, das es nach menschlichen Maßstäben je geschafft hätte, perfekt zu sein, und es gibt keinen Grund, warum eure Eltern die ersten hätten sein sollen.

Zweitens, ehrt den Vertrag, den ihr mit ihnen geschlossen habt: durch sie geboren zu werden, um alles Nötige zu tun, damit sich der Grund für eure Inkarnation und Reise enthüllt, selbst wenn das bedeutet, daß ihr euch auf eine Weise verhaltet, die sie verletzt. Wenn ihr euch auf eine Weise verhaltet, die nur dazu dient, ihren Persönlichkeiten zu schmeicheln, so schadet ihr euch damit selbst, weil ihr ihnen eure Macht abgebt. Dient ihr aber dem Höchsten in euch selbst, so dient ihr automatisch denen, die euch am nächsten stehen. An diesem Punkt laßt mich euch eine Geschichte erzählen – oder vielmehr: laßt mich euch an sie erinnern.

Eines Tages besuchte Jesus ein Dorf. Als ein junger Mann hörte, daß Jesus in der Gegend war, suchte er aufgeregt nach ihm, denn er wollte sein Jünger werden. Und als er Jesus fand, sagte er zu ihm: „Meister, ich bin ja so froh, daß ich dich gefunden habe. Ich möchte dein Anhänger werden und mit dir gehen." Und Jesus sagte: „Nun, das ist großartig, du Lieber, und du kommst gerade zur rechten Zeit, ich will nämlich gerade losgehen. Also laß uns aufbrechen!" Und der junge Mann sagte: „Ach, das tut mir schrecklich leid, aber ich kann jetzt noch nicht mit dir gehen, ich muß erst noch meinen Vater und meine Mutter begraben!" „Oh!" sagte Jesus, „ich fürchte, so geht's nicht. Wenn du mir nachfolgen willst, dann kannst du das nur jetzt gleich tun. Laß die Toten ihre Toten begraben."

Die Wahrheit dieser Geschichte war, daß die Eltern des jungen Mannes nicht physisch tot waren, wie ihr das normalerweise auffassen würdet, sondern daß sie nur spirituell noch schliefen. Sie hatten das Licht nicht gesehen. Ihr Sohn jedoch hatte das Licht gesehen und war zur Wahrheit der Christusliebe erwacht. Jesus, der dies wußte, drängte ihn, seiner wahren Berufung zu folgen und jene zu verlassen, die sie noch nicht erhalten hatten; diese sollten sich um sich selbst kümmern.

Wir wissen, was für einen Mut es braucht, sich so zu verhalten und aus der Gußform der gesellschaftlichen Erwartungen auszubrechen, aber da viele von euch frühere Leben in Klöstern verbracht haben, wo ihr die Bindungen an eure Familien völlig

abbrechen mußtet, um eure Berufung zu ehren, macht ihr eigentlich jetzt dasselbe, außer daß man dieses Mal nicht zwangsläufig
von euch verlangt, eure Familie zu verlassen, um an einen anderen
Ort zu gehen, sondern nur an einen anderen Bewußtseinsort, von
dem auch sie profitieren können, wenn sie wollen.

*Was schlägst du vor im Falle eines Einzelkindes, das sich auf ein-
mal vor die Aufgabe gestellt sieht, einen älteren Verwandten zu
umsorgen?*

*In solch einer Situation ist es doch nicht so leicht, den Elternteil in
einem Altenheim zu lassen, nur damit man seinem persönlichen
spirituellen Pfad folgen kann?*

In solch einem Fall heißt, den Elternteil zu ehren, jegliche
Grundlage innerer Ablehnung gegen ihn – wegen der Durch-
kreuzung persönlicher Wünsche durch ihn – zu heilen und die
Situation anzunehmen, ohne sie als karmische Schuld oder spirituelle Lektion zu verstehen oder darüber krank und zwanghaft zu
werden. So gesehen wird die Situation zur unausweichlichen
Pflicht, die darum jegliches spontane Verlangen in eurem Herzen
ersticken muß, damit ihr euch durch ‚Liebe im Handeln‘ erwei-
tert. Es ist auch wichtig, den Elternteil freizusprechen von dieser
einen Rolle in eurem Leben und ihn statt dessen als eine Seele
anzusehen, die ihre eigene einzigartige Reise unternimmt und die
nur zu einem kleinen Teil die Rolle eures Elternteiles spielt.
Vielleicht wollt ihr die Pflege auch als Gelegenheit ansehen zu
wachsen, indem ihr Christus liebt und dient, dem Christus in
eurem Elternteil.

Hindern euch andererseits die Umstände daran, für eure Eltern
zu sorgen, so ehrt ihr sie und euch selbst zunächst dadurch, daß
ihr euch keine Schuldgefühle darüber gestattet. Schuld ist ein
künstliches Gefühl, eine von Menschen geschaffene Idee, um
ihnen Macht über andere zu geben. Wenn einst die Zeit kommt
und ihr in der Geistwelt seid und dieses Leben mit euren Führern
durchsprecht, und wenn ihr eurem Führer sagt: „Ach, ich fühle

mich so schuldig, weil ich nicht mehr für meinen Vater getan habe", sagt euer Führer wahrscheinlich: „Entschuldige mich eine Minute, lieber Freund, ich muß mal mein Wörterbuch holen, ich kenne dieses Wort Schuld nicht."

Jemandem, mit dem ihr nicht physisch zusammen sein könnt und der Fürsorge braucht oder um den ihr euch sonstwie Sorgen machen würdet, dient ihr am besten, wenn ihr ihn im Geiste in den leuchtendsten Farben seht: sein strahlendes, fröhliches, geheiltes, vitales Selbst, das sein wahres Selbst ist, und zu dem er werden wird, wenn er den Übergang vollzieht. Achtet nicht auf das, was ihr als verfallendes physisches oder mentales Selbst seht, auch nicht auf die Beschränktheiten der Persönlichkeit, die eure Alarmknöpfe drücken, denn all das wird vorübergehen. Der ewige Teil in diesem Menschen, der sich in diesem Leben der Aufgabe gewidmet hat, euch auf eurer Reise zu helfen, braucht nun eure Anerkennung, eure Dankbarkeit und euer höchstes Bild von ihm.

Für diejenigen von euch, die in das hineingeboren wurden, was ihr eure westliche Gesellschaft nennt, mag es unter Umständen das erste Mal seit sehr langer Zeit sein – und damit meine ich mehrere hundert Jahre –, daß ihr völlig freie Hand in der Wahl eures Partners habt. Vielleicht wart ihr einmal Teil einer Kultur, in der Ehen von den Eltern beschlossen wurden. Auch habt ihr vielleicht in einer Gesellschaft gelebt, die keine Zugeständnisse an Trennung oder Scheidung machte, so daß ihr in einer unglücklichen Ehe gefangen wart. Es könnte auch sein, daß ihr es notwendig fandet, allein aus Überlebensgründen eine Ehe einzugehen und deshalb zu endlosen Kompromissen gezwungen wart. Ebenso wahrscheinlich ist, daß ihr Gelübde des Zölibats abgelegt habt und dem Klosterleben beigetreten seid. Durch eure Erfahrungen in persönlichen Beziehungen habt ihr heute jedoch nicht nur die besten Gelegenheiten zu eurer Selbstheilung, sondern ihr habt darüber hinaus auch die Möglichkeit, eine wahrhaft göttliche ‚Ehe‘ zu erfahren.

Wenn ihr jemanden trefft, zu dem ihr euch hingezogen fühlt, wollt ihr natürlich einen guten Eindruck machen. Doch während ihr und der andere voll in den Ritualen des ersten Werbens steckt, steht eure Aura in Flammen mit Lichtern, die die Graffiti aufleuchten lassen, die etwa so lauter: „Ich muß von dir abgelehnt werden, um mir zu beweisen, daß ich häßlich bin“ oder „Bin ich ein Meisterfreak der Kontrolle und suche freiwilliges Opfer“. Ehe ihr also überhaupt so weit seid, über euren jeweiligen Musikgeschmack zu sprechen, habt ihr und euer neuer Freund einander bereits eine detaillierte Liste mit euren sämtlichen Alarmknöpfen ausgehändigt – euren Ablehnungsknopf, euren Kontrollknopf, euren Opferknopf und so weiter. Und alles ist in Szene gesetzt für das kommende Stück.

Wenn dann einer der Knöpfe gedrückt wird, steht ihr vor der Wahl, ob ihr es zulaßt, daß das gewohnte Muster verstärkt wird, oder ob ihr vielmehr sagt: „Ach, das ist aber nett von Y, daß er/sie mich darauf hinweist, daß ich immer noch Knöpfe zum Drücken habe. Jetzt habe ich die Gelegenheit zu wachsen und geheilt zu werden, so daß kein anderer die Macht hat, darüber zu entscheiden, ob ich glücklich bin oder nicht."

Das wird besonders verwirrend für euch, ihr Lieben, wenn dieser andere Mensch das ist, was ihr einen Seelengefährten oder eine Zwillingsseele nennt. Natürlich möchtet ihr glauben, daß ein Seelengefährte niemals etwas tun würde, das euch so sehr verletzt, aber wenn ihr auch glaubt, daß ein Seelengefährte euch ganz besonders liebt, dann versteht ihr, daß er oder sie nur euer Allerbestes wünscht; so geschieht es manchmal, daß ein Seelengefährte es auf sich nimmt, dem anderen Schmerz zuzufügen, damit sich der andere, um diesen Schmerz zu heilen, Gott zuwendet. Was für ein größeres Liebesgeschenk kann es geben, als einander Gott nahe zu bringen? Schaut euch also noch einmal alle an, die euch Leid gebracht haben, selbst jene, die ihr vielleicht als Feinde betrachtet habt, denn auch sie können ein Seelengefährte gewesen sein, und seht, was für ein Geschenk es war, sie kennenzulernen. Zumindest bin ich sicher, ihr werdet näher zu Gott wachsen durch ein wirkliches Verständnis davon, was es heißt zu vergeben. Und ihr werdet auch mehr über Mitgefühl lernen, denn wenn euch jemand gemein behandelt und verletzt hat, sagt er doch bloß auf andere Weise: „Autsch! Ich tu dir weh, bitte hab mich lieb!"

Und solltet ihr euch in einer Situation finden, in der ihr ein tiefes Seelenband mit einem Menschen spürt und doch auf menschlicher Ebene keine Beziehung miteinander leben könnt, verzweifelt nicht und gebt nicht zu leicht auf. Es kann sein, daß eure Persönlichkeiten noch nicht auf dem Stand eurer Seelen sind und noch wachsen müssen, und dies kann nur geschehen durch Beständigkeit, Vertrauen und die eingegangene Verbindlichkeit, Geduld miteinander zu üben und miteinander freundlich und gütig zu sein. Wie auch immer, übergebt alles dem Höchsten in

149

euch beiden zur Verhandlung auf einer Ebene, die weit über jener liegt, auf der eure verletzten Egos Probleme und Verzögerungen verursachen.

Ich möchte euch nur vor einem warnen, und das ist: Driftet nicht ab, laßt euch nicht von der Erfahrung berauschen, einen Menschen zu treffen, mit dem ihr ein so starkes Seelenband spürt. Wenn euch die innere Stimme sagt, daß eure Beziehung eine höhere Absicht hat und eure Vereinigung in diesem Leben nur eine Fortsetzung vieler anderer geteilter Lebensspannen ist, dann müßt ihr mehr denn je zuvor in eurem Zentrum bleiben und dürft euch nicht im anderen verlieren — das würde nur zu Schmerz und Verwirrung führen.

Ihr könnt auch enttäuscht werden, wenn ihr versucht, dem von euch geliebten Menschen die Identität eurer Zwillingsseele überzustülpen. So ein Etikett kann derart aufgeladen werden mit unrealistischen Erwartungen, daß kein Mensch sie erfüllen kann. Das Leid ist dann für euch beide um so größer. Laßt die Suche nach einem Partner auch die Suche nach dem richtigen Partner sein, nicht einfach die Suche nach einer Zwillingsseele. Sollte es tatsächlich die Wahl eurer Seele sein, in diesem Leben ihrer anderen Hälfte zu begegnen, braucht sie vielleicht Erfahrungen mit anderen Partnern, um euch auf diese Begegnung vorzubereiten — genauso wie das, was eine Zwillingsseele euch bringen kann, dazu dient, euch auf eine tiefere Erfahrung mit Gott vorzubereiten.

Wenn ihr eine besondere Sehnsucht danach habt, eure Zwillingsseele zu treffen, dann möchte ich euch gern in die Richtung eures inneren Partners weisen, dieser vollkommenen Liebe, die jetzt in euch wohnt. Wenn diesem Zusammenkommen zwischen euch und eurem inneren Partner eine Empfindung der Ganzheit folgt, dann wird die Hoffnung unter Umständen leichter, ein anderes ganzes Wesen anzuziehen. Denkt an die beiden ganzen Teile, die zusammenkommen, wie die beiden Kreise, die zusammenkommen, um das Zeichen der Unendlichkeit zu

150

formen. Wenn ihr mit einem anderen, zum Beispiel einer Zwillingsseele, in vollkommener Harmonie seid, fließt die Liebe von Herz zu Herz in genau dieser Form.

Bedenkt das Folgende: wenn ihr zwei Pflanzen habt in nur einem Topf, dann ist auf die Dauer nicht genug Energie im Boden, um beide Pflanzen zu erhalten; entweder sterben sie beide oder eine wird stärker, doch keine von beiden wird so wachsen und Blüten und Früchte tragen, wie es ihr eigentlich zugedacht war. Was tut also, wer Pflanzen liebt? Er trennt sie, vielleicht sogar recht schmerzhaft, weil sie ihre Wurzeln im Überlebenskampf ineinander verschlungen haben, und gibt jeder Pflanze einen neuen Topf, in einer Erde, die für die individuelle Pflanze gut ist. Jetzt können sie zu vollem Wuchs kommen, können ihre eigenen Ressourcen anzapfen und wirklich blühen und Frucht tragen; und ihr Zusammenkommen findet in leichter gegenseitiger Berührung der Blätter statt. Dabei wachsen aber Blätter in alle Himmelsrichtungen und nehmen Energie auf – das heißt, nicht alle Blätter werden einander berühren.

Seid ihr also zwei, die die Liebe zwischen ihren Seelen sehr, sehr tief empfinden, so bleibt fest verwurzelt in eurer Beziehung zum Selbst und zum Göttlichen, stillt eure Bedürfnisse aus allem um euch herum und sucht nicht, Erfüllung nur durch diesen einen Menschen zu erhalten. Dann werdet ihr eine viel größere Chance haben, in Freiheit zusammenzukommen und euch an einer Beziehung zu freuen, die Teil der Neuen Ordnung sein wird, in der die erste Beziehung die zu eurer Quelle ist, nicht die Beziehung miteinander; in der ihr grundsätzlich zueinander hingezogen seid durch eine gemeinsame höhere Vision, die eure Seelen euch klarmachen werden. Seht nicht zurück auf irgendeine andere Beziehung, die ihr früher einmal hattet; seht auch nicht auf die meisten Beziehungen in eurem Umkreis; es ist sehr unwahrscheinlich, daß ihr irgendwo ein Rollenmodell dessen findet, was ich meine.

Ich weiß, es ist euer tiefes Sehnen, euren Gefährten zu finden und ‚zweisam‘ in die Welt hinauszugehen. Ob ihr das buchstäblich oder im übertragenen Sinne tut, ist unerheblich. Von der gemütlichen Szene am Kaminfeuer aus könnt ihr euch ohne weiteres auf die andere Seite des Planeten zoomen – doch wenn euer Traum allein dem Leben gemütlicher, heimeliger Glückseligkeit gilt, dann kann es sein, daß ihr enttäuscht werdet.

Verzeiht mir, wenn ich wie der gestrenge Herr Lehrer klinge – aber ihr habt Arbeit zu tun, ihr Lieben. Sollte euch gerade langweilig sein, weil ihr nicht genug zu tun habt, so sage ich euch: Genießt es, so lange es dauert, und bereitet euch auf den noch größeren Genuß vor, eure höhere Bestimmung zu leben.

152

Über Sexualität

Wißt ihr, ihr Lieben, ihr selbst wie auch andere verursacht euch viel zu viel Leiden durch die Sexualität und die sexuelle Ausrichtung.

Laßt mich sagen, daß wir, eure Führer und Engel, die im Namen des Höchsten für euch arbeiten, nicht im geringsten daran interessiert sind, den Menschen eurer Wahl in allen Tiefen auszuloten. Andererseits sind wir natürlich sehr daran interessiert, daß ihr den Menschen, den zu lieben ihr euch ausgesucht habt, ehrt und respektiert.

Wie ihr wißt, ist eines der Ziele der spirituellen Reise die Ausgewogenheit des männlichen und weiblichen Prinzips in euch. Bislang hieß es traditionell, daß ein Mann und eine Frau in ihrer sexuellen Vereinigung einander die jeweils komplementäre Energie geben könnten. Inzwischen, da immer mehr von euch eine größere Ausgewogenheit in sich finden, besonders diejenigen in einem weiblichen Körper, werden manche mit der unerwarteten Anziehung zu demselben Geschlecht konfrontiert. Diese Anziehung ist nicht immer ausdrücklich sexueller Natur, sondern energetisch. Es ist ein Drang zur Harmonisierung. Und diese Harmonie zu finden ist zum Beispiel nicht möglich für eine Frau, die mit einem Mann zusammen ist, der starr auf seiner maskulinen Polarität beharrt.

Eine Anziehungskraft zu demselben Geschlecht ist kein Hinweis auf einen Wandel in der sexuellen Orientierung, als würde eine Tür zu einem alten Selbst auf immer zugeschlagen. Vielmehr sollte sie als Ausdehnung der Möglichkeiten angesehen werden, Liebe und Nähe zu teilen. Sie kann auch als Fingerzeig gelten, daß man einen Punkt erreicht hat, von dem an es nicht mehr nötig ist, von einer bestimmten Orientierung etwas zu lernen, oder daß einen irgendwelche Etiketten wie homosexuell oder heterosexuell nicht mehr einengen. Ihr Lieben, ihr seid keine sexuellen, ihr seid menschliche Wesen mit allen Potentialen für ein glückliches und erfülltes Wesen auf jeder Ebene, entsprechend den Bedürfnissen eurer Seele, und ihre

Bedürfnisse dürfen nicht verleugnet werden aufgrund gesellschaftlicher Normen oder weil eine Hingezogenheit zu demselben Geschlecht nicht mit dem übereinstimmt, was ihr früher immer von euch selbst dachtet, wer ihr seid oder was ihr brauchtet zu eurem Erfülltsein.

Es ist auch nicht an euch angemessen, im Zusammenhang mit der sexuellen Vereinigung von Mann und Frau zu denken, sie sei nur zur Fortpflanzung bestimmt. Für manche wird sie diese angenehme Aufgabe beibehalten, das heißt, so lange, bis physische Empfängnis durch Gedankenkenkraft stattfindet. Ich würde euch aber bitten, darüber nachzudenken, was wirklich mit dem Ausdruck ‚Liebe machen‘ gemeint ist, denn wenn zwei Menschen, egal welchen Geschlechts, die einander jedoch sehr innig lieben und in Herz und Seele übereinstimmen, beschließen, diese Liebe sexuell auszudrücken, so ist es genau das, was sie tun: sie machen Liebe, sie werden eine Liebesfabrik, und während ihre Energien zusammenkommen, und besonders im Augenblick des Höhepunkts, setzen sie Liebe in den Kosmos frei, wie eine Rose in der Blüte ihren Duft in die Luft verströmt, die ihr atmet.

Ihr Lieben, in der heutigen Zeit, in der so viel Liebe in eurer Welt gebraucht wird, stellt die Liebe, die zwei Menschen jeglichen Geschlechts sexuell ausdrücken und dabei die Frucht ihrer Vereinigung bewußt Gott darbringen, ein Geschenk dar, das für eure Welt genauso wertvoll ist wie eine physische Fortpflanzung. Ihr sollt sie feierlich begehen, nicht fürchten oder verurteilen. Liebe ist immer gut.

Ich möchte euch aber auch nicht mit der Idee zurücklassen, daß so eine Beziehung mit jemandem vom selben Geschlecht zwingend oder unvermeidlich ist, wenn ihr euch auf die Ausgewogenheit zwischen dem Männlichen und dem Weiblichen in euch zubewegt. An dem Punkt solch spirituellen Gewahrseins, an dem ihr euch nur noch Gottes Willen in eurem Leben unterwerft, kommt niemand mehr durch Zufall in euer Leben, sondern immer nur durch einen vollkommenen Plan, den eure Seele entworfen hat.

154

Über den Klang der Wahrheit

Auf eurer Reise wird es Zeiten geben, in denen ihr merkt, daß ihr euch auf eine Weise verhaltet, die mit dem spirituellen Pfad unvereinbar zu sein scheint. Euer Schatten rückt stärker ins Blickfeld. Vielleicht ist es ein bestimmter Mensch, der eure Knöpfe drückt und euren Zorn anstachelt, als Geschenk an euch, euch genau das zu geben, was ihr wünscht – nämlich zu wachsen.

Fühlt euch in solchen Zeiten nicht beschämt, seid auch nicht ungeduldig mit euch. Glaubt nicht, ihr schaffet es nicht und verrietet Gott. Denkt daran, es gibt kein Werten! Solch ein Verhalten ist nur symptomatisch für euer Wachsen. Wenn ihr an eine Tonleiter denkt und von einer ganzen Note zur nächsten gehen wollt, dann müßt ihr auch über die halbe, nicht so schön klingende gehen, ehe ihr den höheren Ton erreicht.

Wenn ihr eure Tonleiterskala ausdehnen könnt und die höhere Note trefft, meint ihr vielleicht, ihr werdet euch nicht mehr wohl fühlen, wenn ihr wieder auf eine niedrigere Schwingungsebene hinuntergeht. Achtet auf die kleine Stimme in euch, die euch dann sagt, daß ihr nicht im Einklang seid mit dem Höchsten und der Wahrheit in euch. Die kleine Stimme ist immer da. Es mag sein, daß sie ziemlich viele Male zu euch sprechen muß, bis ihr lernt, andere Menschen nicht mehr, sagen wir mal, zu beurteilen oder zu kritisieren.

Vielleicht schaut ihr euch dann die Gründe an, warum ihr urteilt oder Kritik übt. Fangt an zu affirmieren: ‚Jetzt mache ich mir den Ursprung meines Bedürfnisses zu urteilen bewußt‘, oder ‚jetzt mache ich mir den Ursprung meines Glaubens bewußt, daß etwas mit mir nicht stimmt‘. Wenn ihr das immer wieder sagt, während ihr mit euren täglichen Handlungen beschäftigt seid, kommen vielleicht tief vergrabene Erinnerungen oder Eindrücke ans Tageslicht des Bewußtseins, die euch eine Antwort geben.

Im Laufe der Zeit müssen alle Teile in euch, die die Tonleiter nicht hinaufsteigen können, wegfallen oder entfernt werden, doch wird das nicht ganz ohne Kampf abgehen, denn die widerstrebenden Teile sind Komponenten eures Saboteurs, die unbedingt am Leben bleiben möchten. Wenn ihr genug sucht, werdet ihr Aspekte in euch finden, die ein persönliches Interesse daran haben, daß ihr so bleibt, wie ihr seid. Unter Umständen ist es die Angst, etwas aus eurem Leben gehen zu lassen, insbesondere Menschen; es kann auch die Angst sein, daß ihr euch lächerlich macht, wenn ihr euch offen zu dem bekennt, was ihr wirklich glaubt. Vielleicht ist es auch ein Kleben an einer Persönlichkeit, die euch sehr genützt und auf der Ego-Ebene viel eingebracht hat; oder auch ein Vorurteil, das sehr tief verwurzelt ist, zu tief und fest, als daß es sich leicht herauspuseln und durch irgendeine spirituelle Lehre von seiner Unangebrachtheit überzeugen ließe. Es kann auch eine alte Abneigung sein, die ihr mit gewisser Genugtuung hegt, denn sie gehen zu lassen, würde bedeuten, daß ihr euer Herz öffnet, wo ihr es lieber verschlossen lassen würdet. Vielleicht ist es der gewohnheitsmäßige Glaube, keinen Einfluß zu haben, was eine Möglichkeit ist, euer Licht zu verleugnen.

Nein, ihr Lieben, wenn ihr wirklich ernsthaft eine höhere Ebene erreichen wollt, müssen alle diese schrägen Töne wegfallen, denn sie vertragen sich ebensowenig mit den höheren Schwingungen wie ein Baum, der im Talboden wächst, Frucht tragen wird, wenn er auf eine Bergspitze verpflanzt wird.

Liebe Freunde, ich möchte euch auch so gern einschärfen, daß keinerlei Eile geboten ist für all das. Einige von euch sind einfach zu begierig danach, noch zu ihren Lebzeiten Heilige zu werden, und darum riskiert ihr, eine Überdosis spiritueller Höhenkrankheit zu bekommen. Auf diese Weise werdet ihr unfähig, auch nur irgend jemandem zu helfen. Ihr durchlauft dann die Stadien spirituellen Lernens nur pro forma, und jegliche Spiritualität bleibt im Kopf. Es ist nicht euer Wille allein, der euer Wachstum herbeiführt.

Vielmehr bringt sich eure Absicht jeweils in Einklang mit den Ressourcen der Universellen Energie, die euch immer stärker zur Verfügung stehen – genauso wie sich das Potential in einer Eichel mit den Elementen Erde, Luft und Sonne in Einklang bringt, um eine Eiche zu werden. Manche Bedingungen sind besser als andere. Es gibt auch Phasen, die ihr in der richtigen Reihenfolge durchlaufen müßt. Das Fruchttragen, die ihr in der richtigen Reihenfolge durchstimmung zu erfüllen, auf die ihr so ungeduldig wartet, kommt in der Regel als letztes! Und die ganze Zeit hindurch bis dahin werdet ihr absolut und bedingungslos von uns geliebt, wie ihr gerade seid.

Kommen wir also noch einmal zurück zu dem überaus wichtigen Faktor eurer Motivation und der Sehnsucht eures Herzens, stimmig zu klingen. Ich möchte mich mit der folgenden Metapher verabschieden.

Da ist ein Sänger, und da ist ein Lied. Aber das Lied ist in einer Tonart, die für die Stimme zu niedrig ist. Wenn der Sänger nun versucht, es zu singen, so wird das weder dem Lied noch der Stimme gerecht. Was ist also zu tun? Das Lied wird in die für die Stimme angemessene Tonart transponiert. Dann kann man die volle Schönheit beider, des Liedes und der Stimme, richtig hören und feiern.

Ihr Lieben, das Lied ist eure Persönlichkeit, die Stimme euer wahres Selbst. Das Transponieren übernimmt die Absicht eurer Seele, jenen Punkt der Übereinstimmung mit dem Höchsten in euch herzustellen, an dem nur der reinste Ton der Liebe aus euch hervorkommt.

Von nun an wird das Singen im Badezimmer nie mehr ganz dasselbe sein!

157

Würde euch jemand sagen, daß ihr eines Tages auf eurem Planeten herumreisen werdet, ohne auch nur irgendeine Form von Transportmitteln zu benötigen, nicht einmal einen fliegenden Teppich, so wär ihr, da bin ich sicher, wohl reichlich verdutzt.

Ihr Lieben, ihr seid mehr als nur das bewußte Menschenwesen, das ihr im Spiegel seht. Ihr wißt auch, daß ihr ein Höheres Selbst habt, aber da gibt es einen Teil in euch, der, wenn ihr eine gewisse Ebene erreicht habt, aktiviert wird und der unabhängig von eurem normalen Bewußtsein arbeiten kann.

Wenn ihr euch jetzt anschaut, werdet ihr finden, daß ihr ganz anders seid als zu der Zeit, da ihr eure ersten Schritte tatet auf eurem spirituellen Pfad. Habt ihr euch damals auch gemäß dem Höchsten in euch verhalten, so wäre das wahrscheinlich nicht die Weise, in der ihr euch heute verhalten würdet nach allem, was ihr inzwischen wißt. Euer Höheres Selbst ist wie eine bewegliche Zimmerdecke; in dem Maße, wie ihr wachst, verschiebt sie sich nach oben, bis die Übereinstimmung mit dem Höchsten in euch ein ganz anderes Wesen offenbart als das, das seine ersten Schritte auf der Reise unternahm. Aber sie kann nur in eine bestimmte Höhe gehen, ehe sie Teile in euch aktiviert, die ich euren Christuskörper nennen werde.

Ein Christuskörper kann einem anderen Menschen genauso greifbar und massiv erscheinen wie ein normaler physischer Körper, doch wirkt er auch im Unsichtbaren. Ein Christuskörper reagiert auf einen Hilferuf; wenn er auf diesen Ruf antwortet, empfindet er vielleicht für den Bruchteil einer Sekunde einen leichten Schwindel oder ein plötzliches Bedürfnis, sich hinzulegen und zu einer ungewohnten Zeit zu schlafen. Er ist der barmherzige Samariter, der im Augenblick großer Not aus dem Nichts auftaucht und genauso schnell wieder verschwindet, oder er ist der Mensch in jener merkwürdigen ,Zufalls‘-Begegnung, der die entscheidende Information zur rechten Zeit liefert.

In seiner unsichtbaren Arbeit ist er das wunderschöne Wesen, das eine gerade aus dem Körper befreite Seele ins Licht begleitet, vielleicht als Folge eines Autounfalls; oder er ist der Besucher im Traum, der eine heilende Botschaft bringt. Zu anderen Zeiten seht ihr ihn selbst oder jemand, der mit der spirituellen Sicht vertraut ist, ihn als Lichtwesen, das ganz nahe bei euch steht und das ihr für euren Führer haltet. Selbstverständlich schwingt er auf einer Ebene, die frei ist von den Einschränkungen durch Zeit und Raum, und er kann zu jedem beliebigen Teil eures Planeten reisen. Wenn ihr also das nächste Mal in ein anderes Land fahrt und jemandem begegnet, den ihr erkennt, obwohl ihr wißt, daß ihr ihn noch nie getroffen habt, dann mag das nicht einfach daran liegen, daß er euch an jemanden erinnert, den ihr kennt, sondern wahrscheinlich kam er schon einmal in einem Christuskörper zu euch.

Der Grund dafür, warum ihr zum größten Teil solches Wirken nicht bemerkt, ist, daß wenn ihr alles wüßtet, was mit euch und um euch jenseits eures Wachbewußtseins passiert, euer Ego große Mühe hätte, das alles zu integrieren; und solche Arbeit kann in erster Linie nur stattfinden, wenn euer Ego darüber hinaus ist und keine Streicheleinheiten mehr braucht für die Größe oder scheinbare Wichtigkeit der Aufgabe, die ihr erfüllt.

Vielleicht müssen wir auch ein paar Bleistiefel für euch bestellen!

Paßt auf eure Gedanken auf!

Ich möchte euch eine Geschichte erzählen.

Es war einmal ein Zwillingspaar, das hatte in seiner Kindheit ein ganz fürchterliches Trauma erlebt. Dieses Trauma hinterließ bei beiden einen Schmerz, den sie nie wieder heilen konnten.

Als sie älter wurden, verinnerlichte der eine seinen Schmerz und wurde krebskrank. Auf der Stelle versammelten sich seine Freunde und beteten für ihn. Die beste medizinische Behandlung wurde ihm zuteil in dem Versuch, ihn zu heilen, und allen tat er schrecklich leid.

Der andere Zwilling lebte seinen Schmerz nach außen aus und schlug jemanden in einem Wutausbruch zusammen, und seine Freunde wandten sich von ihm ab, und alle fanden, daß er ein scheußlicher Mensch sei. Das beste juristische Können wurde ihm zuteil, um sicherzustellen, daß er verurteilt und ins Gefängnis gesteckt würde.

Die Wurzel der Krebserkrankung wie auch des physischen Angriffs war aber derselbe Schmerz. Der einzige Unterschied bestand darin, daß der erste Zwilling einen zerstörenden Akt gegen sich selbst richtete und der zweite einen zerstörenden Akt gegen einen anderen Menschen. Beide verdienen gleichermaßen Mitgefühl und Heilung. Keiner von beiden sollte beurteilt und gerichtet werden. Wären diese Zwillinge vor Jesus gebracht worden, was meint ihr: hätte er nur den geheilt, der krebskrank war? Natürlich nicht. Jesus hätte die Wunde geheilt, die der Anlaß zum Leiden der beiden war, und damit wären auch der Krebs und die Wut geheilt worden.

Nicht alle Gewalttätigkeiten gegen einen anderen entstehen aus einer Verletzung in demjenigen, der sie zufügt; manchmal hat der Gewalttäter auch aggressive Gedanken von außen in sich aufgenommen und führt sie dann aus.

Natürlich würdet ihr sagen, ihr würdet nie und nimmer jemanden verletzen, aber wenn ihr jemals böse oder aggressive Gedanken

160

gegen jemanden hattet, dann sind diese Gedanken in die Atmosphäre hinausgezogen, bereit, von einem verletzten Wesen in sich aufgenommen zu werden und die schmutzige Arbeit für euch zu tun. Indirekt habt ihr damit zumindest dazu beigetragen, daß jemand verletzt wird. Und wenn dann jemand für ein schreckliches Verbrechen verhaftet wird, wird eine weitere Welle aus Haß und Negativität in den Kosmos geschickt, wie Öl ins Feuer, und trägt so dazu bei, daß noch schrecklichere Dinge passieren. Und so weiter und so fort. Das Ergebnis davon ist, daß immer mehr schockierende Verbrechen stattfinden, um den Menschen darauf zu bringen, nicht zu urteilen, sondern nur mit heilender Liebe zu reagieren! Und sobald die Zeit kommt, da es mehr Menschen gibt, die heilende Gedanken zu denen schicken, die anderen oder irgendeinem Teil der göttlichen Schöpfung Verletzungen zufügen, als jene, die rachelüsterne oder urteilende Gedanken aussenden, wird eure Verbrechensrate zu sinken beginnen, werden mehr Bäume gepflanzt denn gefällt werden, wird die Liste der vom Aussterben bedrohten Spezies kürzer werden, wird Frieden in die Kriegsgebiete einkehren. Ihr selbst werdet die absolute Wahrheit des Gesetzes sehen: ‚Wie innen, so außen.'

Von jetzt an laßt dort, wo ihr früher be- oder verurteilt habt, eure Kurzschlußreaktion in der Frage bestehen: ‚Was hätte Jesus in dieser Situation getan?' Dann wird die Antwort vom Christus in euch kommen. Und dann müßt ihr danach handeln, ihr Lieben, denn sich auf eine Weise zu verhalten, die weniger ist als das, was ihr als Wahrheit erkannt habt, ist das größte Verbrechen überhaupt. Es mag bedeuten, daß ihr euren Kopf über die Brüstung stecken und euch in die Schußlinie derer begeben müßt, die fest zusammenkleben, um in der Masse Sicherheit zu finden. Wenn ihr nicht den Mut dazu habt, bedeutet das, daß ihr euch selbst in den Fuß schießt und eure Seele verletzt. Denkt in solchen Momenten immer an das Wort: ‚Wenn Gott für mich ist, wer kann dann gegen mich sein?'

161

Ihr kommt nicht in diese Welt als Mitglied der Ersten Truppe, um bei der ersten Gelegenheit, euch als Krieger des Lichts zu erweisen, den Schwanz einzuziehen. In solchen Augenblicken sollet ihr auch an die Worte denken: ‚Viele sind berufen, aber wenige sind auserwählt.‘ Daß ihr euch so verhaltet, wie es das Höchste in euch will, und nicht aus Angst heraus, ist vielleicht der entscheidende Faktor, ob ihr auserwählt seid oder nicht.

162

Wie ihr helfen könnt

Was ist das Beste, was man derzeit tun kann, um unserem Planeten zu helfen?

Das Beste, was ihr tun könnt, ist, euch jeglichen Urteils darüber zu enthalten, was derzeit passiert, und im Geiste ständig die Vision aufrechtzuerhalten, daß euer Planet ganz und heil ist.

Um das tun zu können, müßt ihr euch auch selbst heilen können, denn die Vision, die ihr für euren Planeten habt, kann sich nur dann manifestieren, wenn diese Vision sich mit eurem eigenen Zustand deckt.

Laßt mich als Beispiel die Luftverschmutzung anführen, die eure Welt erlebt. Bevor ihr in der Lage seid, die Ozeane und Flüsse und die Luft, die ihr atmet, zu reinigen, müßt ihr das Gift der Gedanken reinigen, die euren Planeten umgeben. Hättet ihr die Augen zu sehen, so würdet ihr nicht nur die physischen Wolken am Himmel sehen, die von Zeit zu Zeit die Sonne verdecken und Regen auf die Erde ausgießen, ihr würdet auch dunkle Wolken der Angst, des Ärgers, des Hasses sehen, die gleichfalls das Licht der kosmischen Sonne verdecken und auf ihre eigene Art die entsprechenden Energien in das menschliche Bewußtsein schütten. Wie die Perioden des Regens und der Wolken, die zwischen Erde und Himmel entlangziehen, verhält es sich auch mit den Gedanken, die genauso zersetzend sind wie saurer Regen. So sind da also Wolken aus Wut und Haß, die sich als Wut und Haß in jenen niederschlagen, die bereits verletzlich sind, und diese Menschen leben sie dann aus; ihr habt Angst und verurteilt sie und ihre Taten, was nur noch mehr negative Gedanken schafft, die wiederum von den besagten Wolken absorbiert werden.

Fangt also an, diese Verschmutzung aufzulösen. Löst mit der ganzen Liebe eures Herzens und dem ganzen Willen eures Geistes diese Wolken auf, von denen ihr so manche selbst erschaffen habt, so daß das Licht der Wahrheit frei scheinen kann und alle sich in diesem Licht baden – genauso wie ihr euch an einem grauen Wintertag danach sehnt, im Licht und in der Wärme eurer physischen Sonne zu baden. Kommt mit zwei oder drei Menschen zusammen, die dieselbe Absicht hegen, und bleibt so lange wie möglich in dieser Vision. Wenn ihr zusammen seid, stellt euch vor, ihr wäret ein Glied in der Kette aller anderen kleinen Versammlungen, die jetzt woanders mit derselben Absicht stattfinden.

Aber wird das die Zerstörung der Regenwälder aufhalten?

Diejenigen, die bei solchen Handlungen mitmachen, wissen nicht, was sie tun. Sie in euren Gedanken anzugreifen, wird sie nicht dazu veranlassen, damit aufzuhören. Viel eher wird es ihre Entschlossenheit bestärken, weiterzumachen. Sie handeln aus Unwissenheit und Angst und brauchen eure Vergebung – was nicht bedeutet, daß ihr nicht erkennt, daß es falsch ist, was sie tun, und sie damit aus dem Schneider sind. Es heißt nur zu verstehen, daß sie, wie ihr auch, im wesentlichen unschuldig sind. Es ist auch möglich, daß sie auf irgendeine perverse Weise einen wichtigen Beitrag dazu leisten, daß die ganzen Verletzungen eurer Umwelt aufhören. Jeder Baum, der gefällt wird, bezeugt einen weiteren Ziegelstein, der aus der Mauer genommen wird, die eine Nation von der anderen trennt. Eine Tatsache gilt für die ganze Menschheit: Alle leben auf demselben Planeten. Niemand möchte wirklich die Zerstörung der Menschheit; vielleicht muß das Risiko, daß dies eintreten könnte, so real werden, daß plötzlich alle Kriege und Konfrontationen aufhören und sich alle Aufmerksamkeit auf dieses eine richtet: euren wunderschönen Planeten zu lieben. In der Zwischenzeit erhaltet die Vision aufrecht, macht euren Einfluß geltend, bildet euch weiter heran, und wann und wo immer ihr könnt, bietet die schönere Alternative an.

Wie steht es mit den Kriegen? Wie sollten wir auf das reagieren, was derzeit in Jugoslawien passiert?

Auch hier heißt es wieder: Urteilt nicht. Ihr seht nur, was auf der Ebene menschlichen Verhaltens passiert, nicht aber, was zwischen den Seelen geschieht. Werten und Mitfühlen können nicht Hand in Hand gehen; was diejenigen brauchen, die im Krieg oder an einer Hungersnot leiden, ist Mitgefühl.

Im Fall Jugoslawiens ist eine alte Wunde geöffnet worden, die zu früh geschlossen wurde, so daß der Schmutz darin blieb. Wie bei einer Wunde in eurem physischen Körper – wenn sie nicht gereinigt wird, eitert sie und der Schmerz wird schlimmer, und man muß sie energischer behandeln. Vielleicht braucht es einen besonderen Umschlag, um das Gift aus dem Körper zu ziehen. Liebe ist auch wie ein Umschlag und bringt alles an die Oberfläche, was nicht ist wie sie; und sie wirkt zwischen Nationen nicht weniger als in einer Beziehung zwischen zwei Menschen. Seid also im Falle Jugoslawiens sicher, daß hier wie in vielen anderen Konfliktgegenden auch gegenwärtig die Kräfte des Lichtes und der Liebe wirken, um Heilung zu bringen und in bester Weise diejenigen miteinander zu verbinden, deren Entwicklung durch diese Situation unterstützt oder deren Karma dadurch aufgelöst werden kann. Denkt daran, ihr wart in euren früheren Leben selbst an so einem Punkt, und seht, wo ihr jetzt seid – voller Ansporn, Harmonie und Frieden in euch selbst wie auch in anderen zu schaffen. Und als ihr früher in Konfliktsituationen wart, da habt ihr das auch für eure Evolution gewählt. Versucht nicht zu verstehen, warum eine Seele sich wünschen sollte, sich in ein leidvolles Leben in einem Krieg oder einer Hungersnot zu begeben – es geht euch sowieso nichts an. Was euch angeht, ist zu lernen, wie ihr euer Herz als Reaktion auf das Leiden der anderen öffnet und wie ihr euch von der Weisheit, die in eurem Herzen wohnt, durch alle Schwierigkeiten des Lebens führen laßt.

Das beste, was ein Individuum tun kann, um einen Beitrag zum Frieden irgendwo zu leisten, ist, ihn nicht um jeden Preis zu wollen oder die Beteiligten zu zwingen, ihre Waffen in einem ausgehandelten Frieden fallen zu lassen, denn dann wird die Ablehnung bleiben wie der Schmutz in einer Wunde. Wenn ihr die Vision von Frieden aufrecht erhaltet, ermutigt ihr den Schmutz in der Wunde, an die Oberfläche zu kommen und gereinigt zu werden. Darüber hinaus bietet eure Liebe dem Höchsten an, auf dieselbe Weise, wie ihr eine Spende an eine Hilfsorganisation sendet, im Vertrauen darauf, daß euer Geld auf die rechte Weise ausgegeben wird. Vertraut also darauf, daß das Höchste eure Liebe auf eine Weise einsetzen wird, die dauerhaft Gutes bringt.

Es gibt noch eine weitere Lektion, die alle lernen müssen, die Krieg oder Rebellion dazu benutzen, Freiheit zu erringen. Wenn die gegnerischen Parteien in Jugoslawien eines Tages dadurch Frieden gefunden haben, daß sie einander Autonomie gewähren, werden sie glauben, frei zu sein, genauso wie die Menschen in Osteuropa glaubten, der Sturz des kommunistischen Regimes werde sie freimachen. Es stimmt, sie erhielten Religionsfreiheit, politische Freiheit und manche sogar wirtschaftliche Freiheit. Dennoch beginnen sie zu sehen, daß sie jetzt nicht freier sind als in den Tagen des Kommunismus. Wahre Freiheit kommt nicht mit der Wahlurne oder durch Geld im Portemonnaie oder durch die Hostie; die Macht bleibt immer noch außen, bei Politikern, Arbeitgebern oder Priestern. Wahre Freiheit kommt mit der Erfahrung des Christusherzens, und das beginnt mit dem Sturz aller irrtümlichen Glaubenssätze von Trennung, Unvollkommenheit und Mangel an Herrschaft über euer eigenes Leben. Aber zunächst braucht es die Erfahrung, daß das, von dem ihr dachtet, es werde euch frei machen, es nicht tut. Es hat keinen Sinn, jemandem, der nie Geld hatte, zu sagen, Geld mache nicht glücklich. Er will das selbst herausfinden.

Natürlich sind alle Veränderungen, die sich auf eurer politischen Landkarte abzeichnen, Teil unvermeidlicher Schritte, die die Menschheit macht, um eine vollkommene Ordnung auf der Erde zu errichten. Stellt euch das Bild einer Wetterkarte vor, mit allen

Linien und Wellenkreisen. Zur Zeit durchzieht ein Hoch euren Teil des Kosmos und bringt Freiheit; dahinter folgen weitere Tiefdruckgebiete, und jedes bringt die richtigen Bedingungen für das Zusammenbrechen des Alten und die Schöpfung des Neuen. Für manche wird das bedeuten, daß sie durch schwere Stürme in ihrem Leben gehen müssen und daß ihre Häuser auf Sand gebaut sind, nicht auf Felsen. Diese Häuser mögen politische Ideologien sein oder religiöse Glaubenssätze oder zu viel Festhalten an dem, was doch nur Übergänge sind. Wie und was auch immer, alles wird weggewaschen werden, bis jedes Wesen auf dem Fundament der Wahrheit lebt. Die Wahrheit, und nur die Wahrheit, wird euch frei machen. Und schöpft Mut, durch alle Veränderungen hindurch werdet ihr voll unterstützt und geführt und umsorgt. Die liebevollen Arme eurer göttlichen Eltern sind immer bereit, euch aufzufangen, solltet ihr einmal fallen, genau wie Eltern da sind, wenn ihr Kind die ersten Schritte macht.

Schöpft auch Mut, ihr Lieben, aus den Worten Jesu: „In dieser Welt habt ihr Angst und Not; aber freut euch, denn ich habe die Welt überwunden!"

Klebt euch das an die Kühlschranktür!

Die Botschaft des Geliebten

Es war einmal auf eurem Planeten ein großer Lehrer, dessen Name auf immer gleichbedeutend sein wird mit Liebe. Er war derjenige, der unter den ersten Jüngern dem Meister am nächsten war, der Geliebte, der beim letzten Abendmahl den Kopf an die Schulter des Herrn lehnte. Er war es, der mit der Mutter am Fuß des Kreuzes weinte und den der Meister mit der liebevollen Sorge um seine Mutter betraute.

Und er war es, der durch seine Nähe zum Meister Zeuge geworden war zahlloser Wunder und Heilungen, und der dabei gewesen war, als die Lehren, die ihr so sehr liebt, zum ersten Mal erteilt wurden. Er sah und hörte alles.

Und im Alter – denn er war der einzige der zwölf, der nicht den Märtyrertod starb – war er es, der die Vision von der Apokalypse, die ihr die Offenbarung nennt, erhielt und channelte.

Und als er alles gehört und gesehen und getan hatte, da fing er nicht an, Apokalypse-Workshops abzuhalten oder zu lehren, wie man Wunder vollbringt. Er beschäftigte sich nicht mit Vorlesungen, in denen er Leute mit Erinnerungen an sein Leben mit Jesus unterhielt. Schließlich konnte er alles, was er wußte und gelernt hatte, in nur zwei Worte destillieren. Tatsächlich waren es in seinen letzten Jahren die einzigen Worte, die ihm je über die Lippen kamen. Er wandelte auf den Straßen, wo er lebte, gestützt von seinen engsten Anhängern, und murmelte nur diese zwei Worte, die einzigen Worte, auf die es ankam. Und diese Worte waren .... Liebet Einander!

Und nun, ihr Lieben, ist traurigerweise die Zeit gekommen, da ich gehen muß.

Ich verabschiede mich von euch in großer Liebe, nicht nur der meinen, sondern der Liebe aller in der Welt des Lichts, die auf alle mögliche Weise euer Leben berühren und bewegen.

168

Wir sind viele und doch nur ein Geist in unseren unaufhörlichen Gebeten für die Heilung all dessen, was zwischen euch und eurem Besten steht.

Dazu haben wir eine Vision für euch, und es ist eine Vision, wie ihr ein Leben tiefen und dauernden Friedens lebt, ein Leben tiefer und unaufhörlicher Freude, vollkommener und ewiger Liebe.

In aller Liebe für euch, ihr Lieben, sage ich: Gott sei mit euch.

Wir empfehlen in diesem Zusammenhang
aus unserem Programm
ganz besonders
die Bücher von Bartholomew:

Bartholomew's Lachende Weisheit 1
ISBN 3-924161-29-1

Bartholomew's Lachende Weisheit 2
ISBN 3-924161-34-8

Bartholomew's Lachende Weisheit 3
Erwachen vom Traum
ISBN 3-924161-56-9

Reisen mit Bartholomew's
ISBN 3-89568-023-0

erschienen im

ch. falk verlag